解密
敦煌

DECLASSIFIED
DUNHUANG

解密历史　解读文明

解密敦煌

DECLASSIFIED DUNHUANG

胡同庆　罗华庆 著

敦煌文艺出版社

图书在版编目（C I P）数据

解密敦煌 / 胡同庆，罗华庆著 . -- 兰州 ： 敦煌文艺出版社，2018.11（2023.7重印）
ISBN 978-7-5468-1653-1

Ⅰ . ①解… Ⅱ . ①胡… ②罗… Ⅲ . ①敦煌学一研究 Ⅳ . ① K870.64

中国版本图书馆 CIP 数据核字（2018）第 250090 号

解密敦煌
胡同庆　罗华庆　著

责任编辑：田　园
装帧设计：马吉庆

敦煌文艺出版社出版、发行
地址：（730030）兰州市城关区曹家巷 1 号新闻出版大厦
邮箱：dunhuangwenyi1958@163.com
0931-2131556（编辑部）　　0931-8773112（发行部）

兰州银声印务有限公司印刷
开本 710 毫米 ×1020 毫米　1/16　印张 11.25　插页 2　字数 160 千
2019 年 5 月第 1 版　2023 年 7 月第 5 次印刷
印数：15 201~18 200

ISBN 978-7-5468-1653-1
定价：58.00 元

目　录

前言

第一章　纵观历史长河 ………… 1

河西一带的早期人文概况 ………… 3

一、敦煌先民主要是被流放的犯人 ………… 3

二、扑朔迷离的敦煌地名 ………… 4

汉晋时期的敦煌 ………… 6

一、张骞出使西域 ………… 6

二、敦煌郡的设置 ………… 7

三、汉代通西域的南北二道 ………… 7

四、中原文化在敦煌的传播和发展 ………… 8

五、魏晋之际佛教在敦煌的传布 ………… 9

五凉、北朝时期的敦煌 ………… 10

一、五凉时期的敦煌文化 ………… 10

二、北朝时期的敦煌 ………… 12

隋唐时期的敦煌 ………… 14

一、隋代敦煌 ………… 14

二、唐代敦煌 ………… 15

三、吐蕃统治时期的敦煌 ………… 17

四、张议潮收复河西 ………… 18

五代、宋、西夏、元、明时期的敦煌 ………… 19

一、五代、宋时期的敦煌 ………… 19

二、沙州回鹘的兴衰 ………… 21

三、西夏统治下的敦煌 ………… 21

四、蒙古、元时期的敦煌 ………… 22

五、明朝沙州卫 ………… 23

清、民国时期的敦煌 ………… 23

一、清代敦煌 ………… 23

二、民国时期的敦煌 …… 24
第二章 巡礼艺术殿堂 …… 25
敦煌石窟简介 …… 27
敦煌石窟艺术的概念 …… 30
敦煌石窟艺术的基本内容 …… 31
一、敦煌石窟建筑的基本内容 …… 31
(一)洞窟形制 …… 31
(二)木构窟檐、殿堂、栈道 …… 34
(三)塔 …… 36
二、敦煌雕塑的基本内容 …… 37
(一)佛像 …… 37
(二)菩萨像 …… 40
(三)弟子像 …… 42
(四)天王、金刚、力士像 …… 42
(五)羽人、飞天像 …… 43
(六)地神、天女像 …… 44
(七)禅僧、高僧像 …… 44
(八)禽兽像 …… 44
(九)建筑装饰图案 …… 45
(十)道教塑像 …… 45
三、敦煌雕塑的表现形式和制作过程 …… 45
四、洞窟内外的视觉心理艺术效果 …… 47
五、佛教造像所体现的人文思想 …… 52
六、敦煌壁画的基本内容 …… 55
(一)佛、菩萨、弟子等佛教偶像画 …… 55
(二)天龙八部、外道等佛教护法神怪像 …… 56
(三)佛说法图 …… 56
(四)佛教故事画 …… 57
(五)佛教经变画 …… 61
(六)佛教史迹画 …… 71
(七)供养人画像 …… 75
(八)装饰图案画 …… 77

(九)古代传统神话题材画 …………………………………… 77
(十)道教题材画 ………………………………………………… 79
七、石窟壁画的制作过程 …………………………………… 79
(一)制作壁面 …………………………………………………… 79
(二)勾画轮廓 …………………………………………………… 79
(三)涂刷底色 …………………………………………………… 81
(四)赋彩上色 …………………………………………………… 81
(五)勾定型线与线 ……………………………………………… 83
(六)提神点睛与传神 …………………………………………… 85
八、壁画中所反映的社会理想和宇宙观 …………………… 87
(一)壁画中反映的社会理想 …………………………………… 87
(二)壁画中反映的佛教宇宙观 ………………………………… 98
九、壁画中的佛教伦理思想 ………………………………… 100
(一)避苦求乐的人生观 ………………………………………… 100
(二)自利利他的道德原则 ……………………………………… 103
(三)两大眷属的家庭观念 ……………………………………… 106
(四)孝亲、忠君、善恶有报的思想 …………………………… 111
(五)多元化、多层次的理想人格 ……………………………… 115
第三章 叹览藏经洞文物 ………………………………………… 119
藏经洞的封闭和发现 ………………………………………… 121
一、藏经洞原是洪䛒影窟 …………………………………… 121
二、藏经洞的封闭之谜 ……………………………………… 121
三、藏经洞的发现 …………………………………………… 122
藏经洞文物的散失 …………………………………………… 123
藏经洞出土文物收藏情况 …………………………………… 126
一、英国 ……………………………………………………… 126
二、法国 ……………………………………………………… 127
三、苏联(俄罗斯) …………………………………………… 127
四、日本 ……………………………………………………… 127
五、美国 ……………………………………………………… 128
六、丹麦 ……………………………………………………… 128
七、中国 ……………………………………………………… 128

藏经洞出土文献 …… 129
一、佛教文献 …… 129
二、道教文献 …… 132
三、摩尼教、景教文献 …… 133
四、儒家典籍 …… 133
五、文学资料 …… 134
六、社会经济资料 …… 138
七、历史、地理资料 …… 139
八、科学技术资料 …… 140
九、少数民族文字文献 …… 145
藏经洞出土的美术工艺品 …… 148
一、绘画 …… 149
二、纺织品 …… 149
三、木雕 …… 150
第四章 游访遗迹遗物 …… 151
敦煌地区的古代人文遗迹 …… 153
一、遗存 …… 153
二、遗迹或遗址 …… 154
(一)古城址 …… 154
(二)汉长城、烽燧遗址 …… 159
(三)两关遗址 …… 160
(四)古墓群 …… 161
(五)驿站 …… 162
敦煌地区的古代人文遗物 …… 163
一、碑刻 …… 163
二、石塔 …… 164
三、敦煌汉简 …… 165
四、遗址出土物 …… 167
五、墓葬出土物 …… 169
参考书目 …… 172

前　言

Preface

敦煌位于甘肃省河西走廊西端，它南枕祁连，襟带西域，雪山为城，青海为池，鸣沙为环，党河为带，前阳关而后玉门，控伊西而制漠北，是古代丝绸之路的咽喉之地，在中西交通史上曾起过重要的作用。南朝刘昭引《耆旧记》说："国当乾位，地列艮墟，水有悬泉之神，山有鸣沙之异，川无蛇虺，泽无兕虎，华戎所交，一都会也。"

"敦煌"是一个地名，那么，在敦煌这块土地上，究竟发生过什么呢？它的先民是谁？他们是如何在这块土地上生息繁衍的呢？他们干了些什么，他们是在怎样的环境下，为了什么，而给我们留下了如此丰富的、光辉灿烂的遗产？为此，首先必须了解敦煌的历史文化背景。

第一章

纵观历史长河

河西一带的早期人文概况

一、敦煌先民主要是被流放的犯人

大约距今四千多年前，即尧、舜、禹的传说时代，随着社会经济的发展，各部族之间，相互掠夺财富和人口的战争经常发生。在这种弱肉强食的形势下，各亲近部落自然结成部落联盟。尧、舜、禹作为中原部落联盟最强大的首领，则经常对周围弱小部落发动征服性战争。

有征服就有反征服。如何对付被征服部族的反抗也就成了征服者的一大难题。流放，是其对付被征服者的办法之一。

据《尚书》记载："流共工于幽州，放欢兜于崇山，窜三苗于三危，殛鲧于羽山，四罪而天下咸服。"其中的"三苗"，即是曾经生活在长江流域"彭蠡之波"、"洞庭之水"的三苗部族，由于在与中原部落的战争中遭调失败，却又不服，时时反抗，"为政不善"，故被舜、禹先后放逐之。

就这样，战败的三苗族一部分成员作为"四凶"之一，从江淮地区被押解到偏僻荒凉的大西北，放逐到河西敦煌一带。从此开始

图1 三危山

了新的生活，同时亦为敦煌历史谱写了崭新的一页。对此，《后汉书·西羌传》记载道："西羌之本出自三苗，姜姓之别也……舜流四凶，徙之三危。"《通典·沙州条》亦云："沙州，昔舜流三苗于三危，即其地也。其后子孙为羌戎，代有其地。"（图 1）

和大多数地区的居民一样，敦煌的居民成分也不是单一的，一成不变的。战国至秦时期，活动在敦煌一带的是月氏、塞种胡和乌孙等族。在这些种族中，以月氏最强大。原居住在敦煌的羌戎族，被"并于月氏"，而塞种胡和乌孙，或被"遂往葱岭南奔"，或"亡走匈奴"。

在敦煌历史上，曾有许多民族在这里居住或活动过，如匈奴、吐蕃、回鹘、党项、蒙古等族，不过，长期以来，陆陆续续从中原等地区迁徙而来的内地民族则一直是敦煌居民的主要成分。这种情况一直延续至今。当然，这些迁徙而来的人并非全是流放者，也有大量随军扩疆的家属或戍边而留下的兵士将领，还有许多因战乱或其他原因到此避难的各阶层人，更有因历代王朝采取屯田垦荒等徙民实边政策而来的一批批移民。因此，"移民"的性质，深深地给敦煌历代居民有意识或潜意识地打上了"外来"的烙印。

二、扑朔迷离的敦煌地名

汉语"敦煌"一词，始见于《史记·大宛列传》中张骞给汉武帝的报告，说"始月氏居敦煌、祁连间"。

关于"敦煌"二字的解释，历代学者们众说纷纭。日本学者藤田丰八考证说，敦煌可能是都货罗 Tokhara 的译音，而都货罗即当时居住在敦煌、祁连间的月氏族。也有人认为敦煌可能是古代吐火罗人的简译，说是吐火罗人在《山海经》中译为"敦薨"，而敦煌在汉代以前可能就叫"敦薨"。也有学者据"祁连"是匈奴语中"天"的译音，判断与"祁连"相提并用的"敦煌"也应该是少数民族语，等等。

虽然"敦煌"一名的最早来源尚难确定，但是它在自汉至今两千年间的意思却是非常清楚明了的。东汉应劭曾毫不含糊地解释道："敦，大也。煌，盛也。"该解释也得到人们的认可，如唐代李吉甫亦云："敦，大也，以其广开西域，故以盛名。"认为这个地方对开发广大的西域地区有很重要的作用，故名之曰敦煌。

因此，尽管应劭或李吉甫的解释可能异于敦煌的最初原义，但这些解释至少说明了一个问题，即现代学者们不该忽略的一个事实：东汉人和唐代人就是这样解释"敦煌"一词的。在敦煌最重要的历史时期中，人们对"敦煌"一词的理解就是"大也"、"盛也"，就是开发、开拓，就是兴旺、发达。确切地说，就是"开放性"和"兼容性"，"敦，大也"即指其开放性；"煌，盛也"即指其兼容性。（图 2）

我们应该考察"敦煌"一词最初的来源，但更应该重视"敦煌"一词在其辉煌的两千年历史长河中的基本含义。

图 2 莫高窟外景

汉晋时期的敦煌

一、张骞出使西域

西汉初年，从蒙古高原崛起的匈奴赶走了河西的月氏，占据了河西，有“控弦之士三十余万”，建立起强大的政权，并与羌人联结，严重威胁着西汉王朝的安全。由于新兴的西汉王朝的经济尚未恢复，政权还不稳定，无力抗击匈奴，只得与之采取和亲政策。到汉武帝时，经汉初“与民休息”的政策和“文景之治”，国力大增，这时“天下殷富，财力有余，士马强盛”。在这种形势下，汉武帝改变汉初以来的和亲政策，采取抗击匈奴的方针。为了阻止和切断匈奴与西羌的联系，以断“匈奴右臂”，决定遣使西联月氏共击匈奴，招募使臣，于是有张骞两次应募出使西域之举(图3)。

图3 初唐第323窟北壁 张骞出使西域图

建元二年（前138年）至元朔三年（前126年），张骞第一次出使西域，往返途中曾两次被匈奴抓获拘禁，历尽艰险，经大宛、康居到达定居大夏故地的大月氏；但定居于此的大月氏生活安乐，无意东归。张骞未能完成与月氏结盟夹击匈奴的使命，返回。元狩四年（前119年），张骞第二次出使西域，“厚赂乌孙，招以东居故地”到达乌孙赤谷城，副使还到了大宛、康居、大夏、安息、身毒等地。由于乌孙内乱，也未能实现结盟的目的。

张骞两次出使西域，虽未达到政治目的，但其对河西、西域以及中亚等许多地方的历史性访问，为汉王朝开辟通往西域、中亚的通道，提供了极为重要的信息，具有重要的意义。这一历史事件，史称“张骞凿空”。张骞作为一个伟大的先行者，为开拓丝绸之路的通畅，发展中西交通、中外文化交流建树了不朽的功勋。

二、敦煌郡的设置

在张骞出使西域的同时，汉武帝发动了对匈奴的三次大战役，即元朔二年（前127年）的河南战役，元狩二年（前121年）的河西战役和元狩四年（前119年）的漠北战役，重创匈奴，迫使“匈奴远遁，而幕（漠）南无王庭”。并于占领河西的元狩二年设置武威、酒泉两郡。元鼎六年（前111年）又分武威、酒泉地更置张掖、敦煌郡，是为“河西四郡”。在置酒泉郡的同时，又建阳关、玉门关两个军事关隘为通西域的门户，故史称为“列四郡、据两关焉”。

图4 莫高窟北区B105窟出土铜十字架

汉代的敦煌郡，据《汉书·地理志》记载，共统辖六县，即敦煌、冥安、效谷、广至、龙勒、渊泉。到西汉末年，已是有11200户、38335人的要郡了。

三、汉代通西域的南北二道

张骞出使西域以后，汉朝“因益发使抵安息、奄蔡、条支、身毒国”，“使者相望于道……汉率一岁中使者多者十余，少者五六辈，远者八九岁，近者数岁而返。”这些使团，大都携带大批货物，具有商队的性质。他们在发展中西贸易和中外文化交流方面作出了一定的贡献。

汉代通往西域的道路，是沿着塔克拉玛干沙漠边缘分成南北两道。据《汉书·西域传》载，南道经楼兰（今若羌东北）、于阗（今和田）、皮山、莎车，越葱岭（帕米尔）到大月氏（今阿富汗一带）、安息（今伊朗），西达今阿拉伯半岛上的条支和地中海一带的大秦（罗马帝国）；北道经车师前王庭（高昌，吐鲁番）、龟兹（今库车）、姑墨（今阿克苏）、疏勒（今喀什），越葱岭到大宛、康居，西达条支、大秦。两道的起点俱为敦煌。敦煌处在交通枢纽的地位，随着丝绸之路的通畅，敦煌进入了一个繁荣时期（图4、图5）。

图5 莫高窟北区462窟出土梵文咒语

四、中原文化在敦煌的传播和发展

汉代以来对河西的经营，除在军事上修长城、列亭障以确保河西安全外，同时采取徙民实边的政策，屯田垦殖。作为西域前线后方基地的敦煌，承担了较大规模的屯垦任务，不仅实行军屯，还迁来了不少内地移民。这样就把内地的生产技术带到了敦煌，有效地促进了生产的发展，并带来了商业贸易的繁荣，使敦煌逐步发展成为中原西部的军政中心和商业城市。

随着军事征伐和经济的开发，敦煌在接受中原文化的基础上，吸收西域文化，发展了本地区的文化事业，文人辈出。在汉代就有“覃思著述”的侯瑾，其作品当时即行于世，《隋书·经籍志》著录有他的《汉皇德记》卅卷、《侯瑾集》二卷。敦煌张奂“著尚书记难二十万言”，张奂之子张芝、张昶为当时著名的书法家。张芝书法精劲绝妙，尤善草书，其书气脉通联，连缀不断，如惊蛇入草，飞鸟投林，时人称为“草圣”。晋代大书法家王羲之推崇说：“汉魏书迹，独钟（繇）张（芝）两家。”著名的农学家氾胜之晚年定居敦煌，从事农业技术的研究和著述，所著《氾胜之书》十八篇，并在敦煌推广先进农业生产技术。后世评说“汉时农书有数家，氾胜为上”。

西晋时敦煌索靖与同乡氾衷、张甝 、索紾、索永同在洛阳太学读书，才艺绝人，驰名海内，俱以文学闻名当世，被称为“敦煌五龙”。而索靖尤善章草，是著名的书法家，并撰成《索子》《晋诗》各廿卷和论述草书形体结构的专著《草书状》，曾经还在敦煌莫高窟“题壁号仙岩寺”。

魏晋时期敦煌地区文化的发展，对河西文化事业起了重大的推动作用。

五、魏晋之际佛教在敦煌的传布

佛教自东汉初年由西域传布到中原。在佛教东渐经过敦煌时似未留驻，但在魏晋之际，敦煌已有佛教活动，最明显的是“世居敦煌”号为敦煌菩萨的竺法护（昙摩罗刹）和其弟子竺法乘的译经和传述活动。

竺法护，月氏人，世居敦煌，曾随师游历西域诸国，通晓天竺语又畅晋言。在敦煌、长安等地组织译场，翻译佛经，“德化四布，声盖远近，僧徒千数，咸来宗奉”，是中国佛教史上早期著名的译经大师。法护的弟子竺法乘协助译经，跟随法护往来于长安敦煌间。后法乘“西到敦煌，立寺延学，忘身为道，诲而不倦。使夫豺狼革心， 戎狄知礼，大化西行，乘之力也”，在敦煌的影响超过了法护。

五凉、北朝时期的敦煌

一、五凉时期的敦煌文化

4世纪初，西晋王朝经永嘉、建兴之乱后走向灭亡，北方处于战火弥漫、干戈不息的混乱局面。匈奴、鲜卑、氐、羌、羯等少数民族贵族和汉族人士先后称雄立国，建立了十六个割据政权，史称十六国。到北魏政权统一北方，才结束此分裂割据的时代。

十六国时期，前凉、后凉、西凉、南凉、北凉曾先后统治河西。五凉政权统治下的河西，在中原扰攘不堪时，局势相对比较安定。正如陈寅恪先生所云："秩序安定，经济丰饶，既为中州人士避难之地，复是流民移徙之区，百余年间纷争扰攘固所不免，但较之河北、山东屡经大乱者，略胜一筹。"在这种形势下，伴随着中原文化的西迁和五凉统治者对学术文化的重视，在继承汉晋传统的基础上，以敦煌为中心的五凉文化大放异彩，出现了繁荣兴盛的局面。

文化教育的发展：中原人士大量流寓河西，使凉州一时成为"多士"之邦。其中许多人士来到敦煌，使敦煌成为一个人物荟萃、名家辈出的文化昌盛之地。敦煌的文人学士在整个河西地区不仅在数量上有绝对优势，而且在学术成就上也遥遥领先。此间见于史传的敦煌学者不下五十余人，其中有著述可考者达十余人，如索袭、宋纤、郭瑀、索统、阴澹、张咨、索晖、索绥、张资、刘昞、阚骃、赵敺等人。同时还兴办教育，聚徒授业，传播和发扬传统文化。如敦煌宋纤不与世交，隐居酒泉南山，授业弟子竟达三千余人；郭瑀专事著书授业，著录弟子千余人；刘昞也曾开设私馆，接纳弟子五百人。

河西地区文化教育的发展，一方面与其经济繁荣有关，同时亦得力于当时五凉政权统治者的重视。如前凉张轨时，立学校以教化九郡胄子，置崇文祭酒，行乡射之礼，广泛征求高才硕学、经史著述之士。张骏时，立辟雍明堂，命西椽提供内外史料，安排史官在东苑撰修国史。张重华时，又将宫城内集议大事的闲豫庭辟为讲论经义的场所。西凉主李暠执政后思贤若渴，“采殊才于岩陆，拔翘彦于无际”，立国之初，在敦煌“立泮宫，增高门学生五百人”。

佛教活动的兴盛：魏晋时期，由于竺法护及其弟子竺法乘的影响，河西的佛教传播已具有相当的基础。尽管十六国时期战火连绵，社会动荡，但河西地区经济、文化的繁荣昌盛，加上统治者的倡导扶寺，因此佛教得到迅速的发展。五凉时期的河西地区，尤其是敦煌，佛教更为流行，《魏书·释老志》说：“凉州自张轨后，世信佛教。敦煌地接西域，道俗交得。其旧式村坞相属，多有塔寺。”

五凉时期河西佛教传播和深入发展，首先表现在译经方面。当时的佛经翻译家有昙无谶、沮渠京声、浮陀跋摩、智猛、道泰、法盛等人，共译经 82 部、311 卷。其中以昙无谶最为著名，译经 11 部 112 卷，所译《大般涅槃经》最为重要。此经进一步发展了大乘佛教的佛性说，主张“一切众生，皆有佛性”，更认为断灭一切善根的“一阐提”也有佛性，皆能成佛。在中国佛教理论上另树一帜，在中国佛教中和思想史上具有重要影响。

河西地区佛教活动的兴盛，还表现在开窟建寺方面。竺法护的弟子法乘在敦煌“立寺延学”。昙摩密多曾在敦煌“于闲旷之地，建立精舍”。《集神州三宝感通录》记载凉州石窟开凿时说：“凉州石崖瑞相者，昔沮渠蒙逊以晋安帝隆安元年，据有凉土，……于州南百里，连崖绵亘，东西不测，就而斫窟，安设尊仪，或石或塑，千变万化，有礼敬者，惊眩心目。”举世闻名的敦煌莫高窟，也开凿于此时。

敦煌莫高窟的创建，据武周圣历元年（698 年）立《大周李君莫高窟佛龛碑》载："莫高窟者，厥初秦建元二年（366年），有沙门乐僔，戒行清虚，执心恬静，尝杖锡林野，行至此山，忽见金光，状有千佛，遂架空凿岩，造窟一龛。次有法良禅师，从东届此，又于僔师窟侧，更即营建。伽蓝之起，滥觞于二僧。"

图6 北凉第268窟内景

自乐僔在鸣沙山麓开凿了莫高窟的第一个洞窟起，敦煌佛教艺术之花便从此绽开。乐僔、法良二僧所开之窟，现在虽然无从确认，但通过对莫高窟早期洞窟的考古学分期研究，基本能确定莫高窟第268组窟、272窟、275窟系十六国晚期开凿的（图6）。

二、北朝时期的敦煌

北朝时期的敦煌经历了北魏、西魏、北周三个朝代。公元439年北魏灭北凉，酒泉太守沮渠无讳西奔敦煌继续抵抗，最后其残部撤离敦煌远度流沙逃往鄯善。北魏为经营西域，防御柔然与吐谷浑的侵扰，废郡置镇，但孤处危境几不自保，曾一度有放弃敦煌之议。后柔然势力衰弱，丝绸之路畅通。孝昌年间（525年—527年），北魏在敦煌罢镇建瓜州，以宗室东阳王元荣任瓜州刺史，元荣任刺史历北魏、西魏两代。北周时期敦煌是宇文王朝的西部重镇，武帝灭佛虽曾波及瓜州，但并未影响敦煌佛教的发展。

北朝时期，是敦煌佛教石窟蓬勃发展的第一次高潮。东阳王元荣任瓜州刺史期间，在敦煌莫高窟开凿了一些石窟，并将中原深受南朝文化影响的佛教艺术移植而来。莫高窟北魏和西魏可考的洞窟有十八窟之多，多数是人字披前顶、中心塔柱窟和部分覆斗顶窟。同时东阳王元荣还广写佛经，以为功德。如在建明元年（530年）一次就写《仁王护国般若波罗蜜经》三百部；晋泰二年（532年）又写《无量寿经》一百部；永熙二年（533年）又写《涅槃》《法华》《大云》等经百余部。

图7 北周第428窟中心柱 女供养人

北周时期，虽曾有武帝宇文邕的灭佛活动，但并不影响在莫高窟等地镌龛造像。莫高窟现有北周时期洞窟达十五窟，西千佛洞有北周三窟，其中不乏建筑宏大的大窟。如第428窟，其规模之大、内容之丰富，都超过了前代。该窟据推测为北周瓜州刺史，“一门十大将”的建平公于义所修。因此武周圣历碑在叙述乐僔、法良之后说：“复有刺史建平公、东阳王等各修一大窟，而后合州黎庶造作相仍，实神秀之幽岩，灵奇之净域也。”（图7、图8）

图8 北周第428窟中心柱 男供养人

北朝著名诗人庾信曾经到过敦煌，在其边塞诗中就有吟咏敦煌莫高窟景色的诗篇：

三危上凤翼，九坂度龙鳞。
路高山里树，云低马上人。
悬岩泉溜响，深谷鸟声春。
住马来相问，应知有姓秦。

隋唐时期的敦煌

一、隋代敦煌

隋文帝杨坚于公元585年灭陈，结束了近三百年的南北分裂，在北周的基础上完成统一全国的大业。隋代虽然短暂，但影响甚大，其典章制度为以后各代所沿袭。它的统一及其封建经济的发展，是我国封建社会走向鼎盛的先声。

1. 中西交通的兴盛：隋朝建立后，着手经营西域，以维护丝绸之路的畅通。与西域各国的商业往来，较之北周更有发展。《隋书·裴矩传》载："时西域诸蕃，多至张掖，与中国交市。帝令矩掌其事。"裴矩通过与西域商人交往，了解各国的风俗、山川、地理，撰成《西域图记》，从其序言所述，此时丝绸之路已发展为"发自敦煌，至于西海，凡为三道"。

隋炀帝于大业五年（609年）西巡河西，"壬子，帝至燕支山"，高昌王麴伯雅、伊吾吐屯设及西域二十七国谒于道左。"皆令佩金玉，被锦罽，焚香奏乐，歌舞喧噪。复令武威、张掖士女盛饰纵观，骑乘填咽，周亘数十里，以示中国之盛，帝见而大悦。"引得"蛮夷嗟叹，谓中国为神仙"。炀帝西巡，极大地促进了丝路贸易的繁荣。

隋代以前，中西交通只有南北二道，隋在此基础上又增一道，即傍天山北麓的北道、傍天山南麓的中道和傍昆仑山北麓的南道。这三条中西交通道路都发自敦煌，经伊吾、高昌、鄯善而达中亚、欧洲。“故知伊吾、高昌、鄯善并西域三门户也，总凑敦煌，是其咽喉之地”。充分说明了敦煌在中西交通中的重要地位和枢纽作用。

2. 隋对莫高窟的兴建：隋代皇家非常佞佛，立国之初，尊佛教为国教，开皇廿年（600 年）文帝下诏：“佛法深妙，道教虚融，降大慈，济度群品……故而建庙立祀，以时恭敬，敢有毁坏及偷盗佛及天尊者，以不道论。”明令保护造像。仁寿年间命智嶷送舍利至瓜州崇教寺起塔。由于统治者的推崇，隋代敦煌莫高窟的镌龛造像超越了前代，虽然只有短暂的 37 年，竟遗留了洞窟 94 个，足以反映隋代莫高窟兴建之盛况（图 9）。

图 9 隋代第 278 窟西壁南侧 夜半逾城

二、唐代敦煌

唐代是我国封建社会的鼎盛时期，也是敦煌两千年历史上的全盛时期。由于经济的发展，中西文化交流的加强，敦煌这颗丝路明珠，此时更加鲜艳夺目。

1. 社会经济的高度发展：唐代的敦煌具有重要的经济地位和战略地位。这一时期的敦煌，由于水利事业的兴修，农业生产有了较大的发展。岑参在《敦煌太守后庭歌》中吟咏道：“太守到来山泉出，黄沙碛里人种田。”就是最好的证明。从敦煌遗书残卷中可见敦煌当时的灌溉水渠很多，主要的干渠、支渠多达37条。为了更好地发挥效益，还设置专职官员和管理人员管理水渠，并制定了一套较完备的法规严格执行。完备的水利工程，有力地保证了农业生产的稳步发展。《太平广记》记载：“河州敦煌道，发屯田，实边食，余粟转输灵州，漕入黄河，入太原仓，备关中年凶。”敦煌的粮食不仅自给有余，还支援中原。

安西四镇的建立，使中西交通畅达无阻，中外经济文化的交流空前发达，各国使节、商队、僧侣络绎不绝于路。大批的行商坐贾在敦煌从事贸易活动，使敦煌这个贸易中转城市繁华一时。敦煌以西55公里有“兴胡泊”，就是专门接待胡商的地方。敦煌城东的沙州十三乡之一的从化乡，便是由陆续定居下来的粟特商人组成的。《敦煌廿咏》中有《安城短咏》：

版筑安城日，神祠与此兴。
一州祈景祚，万类仰休征。
蘋藻采无乏，精灵若有恁。
更看雩祭处，朝夕酒如渑。

可知当时敦煌有一安城，可能是安息人或中亚的安国侨民所居处。敦煌唐代壁画中的“各国王子图”，就是当时敦煌画师从现实生活中摄取的形象记录。

2. 佛教艺术的繁荣：随着经济的发展，中西交通的昌盛，带来了文化艺术的繁荣，更为敦煌艺术的发展提供了有利条件。唐代前期，太宗佛道并举，武后专崇佛教。在统治者的提倡下，敦煌的佛寺如雨后春笋蓬勃发展，见于记载的就有龙兴、灵图、开元、大云、普光、金光明等寺。此时的莫高窟“前有长河，波映重阁”，空前壮观。正如武周圣历《李克让修莫高窟佛龛碑》所云：“西连九陇坂，鸣沙飞井擅其名；东接三危峰，泫露翔雨腾其美。左右形胜，前后显敞，川原丽，物色新。仙禽瑞兽育其阿，斑羽毛而百彩；珍木嘉卉生其谷，绚花叶而千光。尔其镌崿开基，植瑞橘而概日；礠山为塔，构层台以篮天。刻石穷阿育之工，雕檀极优填之妙。……升其栏槛，疑绝累于人间；窥其宫阙，似游神乎天上。”

莫高窟现存唐代洞窟有278个，其中属于前期（初、盛唐）的有143个。这些为数众多的洞窟和精美绝伦的彩塑、壁画，是唐前期璀璨夺目的敦煌艺术的高度反映和敦煌乃至整个国家繁荣昌盛的象征（图10）。

图10 盛唐第130窟甬道南壁都督夫人太原王氏礼佛（段文杰临）

三、吐蕃统治时期的敦煌

公元755年，“安史之乱”爆发后，唐王朝调陇右、河西及安西四镇精兵平叛，吐蕃乃乘虚而入，攻陷陇右河西之地。建中二年（公元781年）敦煌为吐蕃占领。沦陷后的敦煌在吐蕃贵族的暴虐统治和奴役下，在半个多世纪中一直没有停止过反抗吐蕃的斗争，时刻盼望着摆脱其统治，怀念大唐王朝。敦煌曲子词中的“敦煌郡，四面六蕃围，生灵苦屈青天见，数年路隔失朝仪，目断望陇墀”；“敦煌古往出神将，感得诸蕃遥钦仰。效节望陇庭，麟台早有名。只恨隔蕃部，情恳难申吐。早晚灭狼蕃，一齐拜圣颜。”就是这种心情的真实流露。

吐蕃奴隶主贵族笃信佛教，此间敦煌的佛教得到了空前的发展（图11）。可黎可足赞普等在敦煌大兴佛寺，广度僧尼，当时人口仅三万的沙州便有上千僧尼，新出现报恩、净土、莲台、三界、

图 11　中唐第 154 窟南壁　天王与瑞像

兴善、永寿等十余所大僧寺和安国、普光、灵修、大乘、圣光等五所尼寺。寺院拥有大量土地和寺户，从事手工业和畜牧业。在吐蕃统治者的扶持下，寺院经济得到了空前的发展。

由于吐蕃统治者的崇信，加上敦煌未受中原“会昌法难”的影响，这一时期敦煌莫高窟仍开窟不止，除继续完成了前代开凿的 9 个洞窟和重修了 28 个洞窟外，又新建了 55 个洞窟，若按每年平均数计，其开窟镌龛速度超越了初唐和盛唐。

四、张议潮收复河西

由于吐蕃奴隶主贵族的暴虐统治和奴役，唐大中二年（848 年），敦煌人张议潮乘吐蕃赞普新亡内乱之机，率领沙州汉人，首举义旗，经过浴血奋战，“白刃交锋，横尸遍野，残尽星散，雾卷南奔”，一举收复沙州，然后差遣十队使者奔赴长安告捷。并以沙州为根据地，“缮甲兵、耕且战”，于大中五年收复河西诸州，并派其兄张议潭等 29 人奉瓜、沙、伊、西、肃、兰、鄯、河、岷、廓十州图籍入长安告捷。唐王朝于沙州建归义军，统领瓜、沙等 11 州，以张议潮为归义军节度使。咸通二年（861 年），张议潮率汉、蕃兵士七千人克复吐蕃在河西的最后一个据点凉州，于是“河陇陷没百余年，至时悉复故地”。张议潮收复河西，使河西人民摆脱了吐蕃奴隶主的残暴统治，他们衷心感谢和爱戴张议潮，热忱赞颂张议潮的英雄业绩说：

河西沦落百余年，路阻萧关雁信稀。

赖得将军开旧路，一振雄名天下知。

图 12 晚唐第156窟南壁 张议潮统军出行图·仪仗队伍

归义军张氏统治敦煌的半个多世纪中，在继承传统的基础上，世家豪族纷纷以“报恩”、“庆寺”为名，营造了不少洞窟（图 12）。归义军张氏统治时期，敦煌莫高窟共开凿了 71 个新窟，续建和重修了前代洞窟共 11 窟。

五代、宋、西夏、元、明时期的敦煌

一、五代、宋时期的敦煌

五代时期，中原丧乱，敦煌归义军政权自立于西陲一隅。归义军政权在进入五代之初，经张议潮之孙张承奉的西汉金山国之后，于 914 年由长史曹议金掌握，此后曹氏世守敦煌将近 140 年。因此，五代至北宋初期的敦煌，我们称之为曹氏统治时期。这时的归义军政权面临东有甘州回鹘称雄，西有于阗强盛的形势，已失去河西广大地区，只辖有瓜、沙二州和紫亭、悬泉、雍归、新城、石城、常乐六镇，人口不过万数，势单力薄。在这种形势下，生存于夹缝中惨淡经营的曹氏政权采取了一些有效的措施维持其在瓜沙的统治。

首先是与周边少数民族政权搞好关系。东结回鹘，西联于阗，用联姻通婚的办法与之修好；宋时对于西夏的觊觎，则远交辽以对付西夏，以求得生存空间。其次，一直奉中原为正朔，向中原各朝廷称臣纳贡，以取得承认和敕封，或争取“星使降临”，终于在同光二年（924年）后唐正式授以“归义军节度使、沙州刺史、检校司空”名衔，用以表示其政权的合法性和有利于人心、政局安定。其三，利用世家豪族，加强统治。曹氏家族与累世簪缨的世家豪族索氏、阴氏、翟氏、张氏、慕容氏等都有姻亲关系，形成盘根错节、荣辱与共的地方势力，巩固其政权的稳定。其四，大造窟寺，提倡佛教。曹氏家族一门崇佛，在其统治期间，敦煌寺院林立，经济实力雄厚，在敦煌莫高窟和安西榆林窟，大兴佛教造像，新开洞窟41个，其中不乏大型洞窟，重修前代洞窟数量多达242个，并对莫高窟崖面进行了大面积的绘画。同时修整窟前栈道，缩小窟门，对石窟起到了良好的保护作用；修建了四座木构窟檐和窟前殿堂，从考古发掘的24个窟前殿堂遗址中，五代、宋时期的就有十余个。由此使莫高窟的外貌蔚为壮观。

图13 五代第61窟东壁门南女供养人

曹氏时期的敦煌，社会相对安定，丝路畅通，促进了中西文化的交流和商业的繁荣，使者往来不绝，“自瓜沙抵于阗，道路清溢，行旅如流”。敦煌更是“六蕃之结好如流，四塞之通欢似雨”，曾一度出现“风调雨顺，岁熟时康，道塞清平，歌谣满路”的升平景象（图13）。

二、沙州回鹘的兴衰

在瓜沙归义军曹氏统治的晚期，曾是归义军政权附属部落和臣民的沙州回鹘崛起于敦煌，一跃而为瓜沙地区的主宰，控制过瓜沙地区的局势。西夏击败回鹘，于公元1036年陷肃、瓜、沙州后，一度忙于立国和与北宋抗衡，无暇西顾瓜、沙二州，对其统治是比较松散的。此时沙州回鹘和曹氏遗民的势力还较强大，积极联络，密谋共破西夏。还向北宋政权“七贡方物”，争取朝廷的声援和支持。随着西夏对瓜、沙二州的统治加强，到12世纪20年代以后，沙州回鹘才完全销声匿迹，退出历史舞台。

处在中西交通咽喉之地的沙州回鹘，由于长期接受“善国神乡”的熏陶，较早地就染指佛教，而且“奉释氏最盛”。在敦煌不仅遗留有回鹘文佛经、佛画以及石窟中大量的回鹘文题记，并在莫高窟，西千佛洞、榆林窟大肆修窟造像，至今仍存有23个洞窟，其中莫高窟16窟、西千佛洞5窟、榆林窟2窟。这些洞窟除一个为新开凿的外，其余全是对前代洞窟的重修重绘，有整窟抹泥重绘和局部重修重绘。其佛教艺术深受高昌回鹘佛教艺术的影响（图14）。

图14 西夏第409窟东壁门北回鹘王妃礼佛图

三、西夏统治下的敦煌

西夏是古代党项羌族政权，唐时受吐蕃排挤，迁至河套地区。北宋初与甘州回鹘频繁冲突，争夺河西地区。于公元1036年，西夏占领瓜、沙二州，从这年起直到西夏失国，统治敦煌191年（其间虽有沙州回鹘的崛起，但未有政权建立，只是一股较为强大的势力)，是敦煌建郡以来历时最久的一个少数民族政权。

西夏立国者元昊，既“通蕃汉文字”，又“晓佛图学”，甚至提出“佛图安疆”。由于统治者十分佞佛，因此，在西夏有效统治敦煌的百余年间，在敦煌莫高窟、西千佛洞和安西榆林窟留下了大量的佛教艺术品。但是，它新开的洞窟很少，仅有17个，大部分是以重修前代旧窟和抹泥覆盖前代洞窟重绘而成。在莫高窟现存有西夏绘塑遗迹的洞窟81个，榆林窟还有近10个西夏时期开凿和妆銮过的洞窟。西夏在开窟修龛时和宋代一样，往往同时在窟前营造木构建筑，有的发展为殿堂，如第130窟前的殿堂，据遗址看，殿堂阔五间21.6米，进深四间16.3米，地面全用西夏时流行的莲花云头纹方砖铺盖，相当壮观。

四、蒙古、元时期的敦煌

公元1227年，成吉思汗的蒙古铁骑强攻破沙州，自此至元宣光三年（1372年）蒙古统治敦煌145年。

蒙元帝国十分重视西北交通和敦煌这个战略重镇的经营，移民与田，恢复水利。至元十四年（1227年）复立沙州，十七年升为沙州路，常以宗室诸王驻镇沙州。莫高窟现存的汉、蒙、藏、梵、西夏、回鹘六种文字的“六字真言碑”，就是当时治镇沙州的西宁王速来蛮于至正八年（1348年）刻立的。

元朝统治者也崇信佛教，特别是八思巴于1246年出任忽必烈国师，喇嘛教萨迦派十分得势，与此相应，密宗盛行于敦煌，成为敦煌寺院的主要教

图15 元代第465窟 双身像

派，在莫高窟留下了藏传密宗的画塑。元代在莫高窟新开洞窟8个，重修前代洞窟19个，合有27窟（图15）。

五、明朝沙州卫

明洪武五年（1372年），征西将军冯胜出西道取甘肃，攻兰州、西凉、永昌和瓜、沙二州，获全胜，敦煌转为明朝辖地。

明朝据河西之后，为经营西域的需要，永乐二年（1404年）于敦煌置沙州卫，后并入罕东左卫，以对抗吐鲁番。正德十一年（1516年），敦煌为吐鲁番所占。嘉靖三年（1524年），闭嘉峪关，敦煌孤悬关外，莫高窟“佛像屡遭毁坏，龛亦为沙所埋”。此时的敦煌已是“风摇柽柳空千里，月照流沙别一天”了。

清、民国时期的敦煌

一、清代敦煌

清朝康熙帝经营西北，嘉峪关外的地域渐次得到恢复，至雍正元年（1723年）“复立沙州所。三年，旋升所为卫”。仅1725年一年内，就从内地迁52县的2400余户汉民至此屯田、垦荒，并派光禄少卿汪漋督修沙州城。乾隆二十五年（1760年），升沙州卫为敦煌县，敦煌又一次得到复苏，人口迅速增长，社会经济也逐步繁荣。正如苏履吉诗中所说：

周围绣壤簇如茵，翠色平铺处处新。
南陌风和晴欲遍，西畴日暖绿初匀。
老农扶杖依田畔，稚子携锄立水滨。
但愿长官勤抚字，丰年屡报乐吾民。

但是，此时的莫高窟已是“字落残碑在，丛深蔓草缠”。特别是同治年间，陕西回民白彦虎围攻敦煌时，“遂将佛龛半付灰烬，令人有不忍目睹之状”，故敦煌士民在多达221个洞窟中重修、重塑了大量塑像和少量的壁画，重修了几座木构殿堂。另外，由于“龛亦沙压倾圮，梯级多断”，上层诸窟遂不可登，故光绪年间，道士王圆箓为了贯通各窟，募工将窟内墙壁凿穿以为通道，自以为功德，但实际上给许多洞窟造成了新的破坏。

这一时期，敦煌道教势力较大，故有一些改佛为道的塑像、壁画。

二、民国时期的敦煌

1912年中华民国成立，结束了延续两千多年的封建帝制。民国成立后，敦煌县属安肃道所辖。

1922年，白俄阿连阔夫残部约500人，由新疆窜至敦煌驻扎在莫高窟约八个月之久，对莫高窟的破坏极其惨重，他们将洞窟和寺院中的门窗、匾额劈碎当柴烧，在洞窟内支锅做饭，大片壁画被烟熏火燎无法辨认，把大批塑像断手凿目，甚至挖心捣腹，意在盗宝，斑斑罪痕，至今犹存。

面对莫高窟沙压像毁，楼阁倾圮，法像暴露，荒刹隐索，不蔽风雨的残破景象，敦煌人民深为遗憾，发起了“聚众善资”、“虔意兴修千佛洞”的活动。几经波折，不避寒暑，不辞辛劳，凡八易春秋，用金12000元，直到1935年始建成今日莫高窟九层楼之规模。改建后的九层楼，飞檐依山而翘，梁木交错，层履复叠，雄伟壮观。它已成为今日敦煌莫高窟之标志，是敦煌人民辛勤汗水的结晶和骄傲。当代诗人、书法家吴丈蜀有诗赞道：

静室连绵石镂空，诸般造像貌从容。
雕梁画栋凭能匠，付彩涂朱赖巧工。
有难徒呼无量佛，无求不奉莫高窟。
黎民世世殚精力，血汗都将壁染红。

第二章

巡礼艺术殿堂

敦煌石窟简介

敦煌石窟，指以莫高窟为主体的古敦煌郡境内的所有石窟。它包括今甘肃省敦煌市境内的莫高窟、西千佛洞，安西县境内的榆林窟、东千佛洞、水峡口，肃北蒙古族自治县境内的五个庙、一个庙等石窟。在古代，上述石窟都位于敦煌郡境内，其内容及艺术亦同属一脉，因此，我们总称之为敦煌石窟。

诸石窟基本情况如下：

莫高窟，俗称千佛洞，位于敦煌城东南25公里处鸣沙山东麓的断崖上，南北长约1600米。始建于前秦建元二年（366年），迄于民国二十四年（1935年），绵历近1600年。在现存492个洞窟中（北区未计），保存着十六国、北魏、西魏、北周、隋、唐、五代、宋、回鹘、西夏、元、清、民国等时期的壁画45000多平方米，彩塑3000余身；以及唐、宋、清、民国时期的木构建筑十余座。另外，于1900年发现的藏经洞，曾保存了4至11世纪的写本、帛画、纸画、织染刺绣等文物约5万件。

西千佛洞，位于敦煌城西35公里的党河岸壁上，因地处莫高窟之西而得名。据《沙州都督府图经》的记佛龛文推断，其开凿时代大概与莫高窟同时。现尚残存北魏、西魏、北周、隋、唐、五代、回鹘、元、清、民国等时期修建或改建的洞窟12个。西千佛洞虽然规模不大，壁画、彩塑数量不多，但对于进一步了解、欣赏和研究近1600年的敦煌石窟艺术史，颇有参考价值。

榆林窟，又名万佛峡，位于安西城南75公里处的踏实乡境内，开凿在榆林河峡谷两岸断崖上。在现存42个洞窟中，保留有北魏、西魏、隋、唐、五代、宋、回鹘、西夏、元、清、民国的塑像和壁画。榆林窟开凿时代大概始于北魏，但大规模营造则在唐代。如

图 16　榆林窟外景

中唐 25 窟，壁画保存完好，色彩犹新，艺术价值颇高，在整个敦煌石窟中亦属佼佼者；另外西夏时期凿建的第 2、3 窟，无论在内容还是艺术上都独树一帜，弥补了莫高窟西夏艺术的不足（图 16）。

东千佛洞，位于安西县桥子乡（桥子乡在县城东南 70 公里处）东南 35 公里峡谷中的河床两岸，是西夏和西夏以后开凿的一个以表现密宗内容为主的佛教石窟寺。东千佛洞现有大小洞窟 23 个，其中有壁画、塑像的洞窟仅 8 个（西夏三窟、元代三窟、清代二窟），主要反映了西夏、元代、清代三个历史时期的石窟艺术。密宗内容在这里有较多的系统性的表现，艺术价值亦颇高，和榆林窟一起可弥补莫高窟佛教密宗艺术之不足（图 17）。

图 17　东千佛洞外景

水峡口，又名下洞子，位于安西城南约50公里处的踏实乡境内，距榆林窟约25公里，开凿在榆林河南北两岸断崖上。现存有塑像、壁画的洞窟8个，其中南崖的1~7号窟尚存宋及清代的塑像或壁画，北崖的8号窟尚存五代壁画。

五个庙，位于肃北蒙古族自治县城南20公里处的狼湾里，开凿时代最初可能是北朝。该处并排有5个石窟（一个早年已毁，实为4个）。蒙古族将石窟称庙，所以称五个庙。其实包括残窟在内共有20多个石窟，可以说是一处具有相当规模的石窟群（图18）。现存四窟尚保存不少五代、宋、西夏、元等时期的壁画，内容丰富，艺术精湛，可以补充和说明敦煌佛教艺术发展过程中的许多问题。

图18 五个庙石窟外景

一个庙，该石窟位于肃北蒙古族自治县城北约12公里处党河东岸的吊水沟北面的断崖上。现存洞窟2个，始凿年代可能在北朝或隋末唐初，尚残存曹氏归义军时期壁画、供养人题记和民国时期的绘画、游人题记，数量虽然很少，但对于探讨有关时期的宗教艺术活动亦有重要的参考价值。

敦煌石窟艺术的概念

敦煌石窟艺术是一种由建筑、雕塑、壁画三者紧密结合而成的综合体艺术。

我们这里所说的建筑，主要是指根据一定的宗教需要开凿在山崖间的石窟寺庙，它既是设置宗教雕塑和壁画的神殿，也是佛教徒（僧人或居士）从事宗教活动的场所。另外，其建筑也包括出于装饰、加固或其他宗教需要等原因修筑于石窟内外的木结构殿堂和古塔、窟前栈道等。

洞窟的主体是佛的塑像，位置显著。一般情况下，两侧都陪衬有弟子、菩萨的塑像，共同成为佛教徒顶礼膜拜的对象。

壁画是石窟艺术的重要组成部分。它在石窟寺中的作用主要有两种，一种是用形象的图画向佛教徒宣传、阐述佛教义理；二是以强烈的装饰性效果来感染信徒。也就是从内容上和艺术形式上与洞窟、塑像紧密结合，构成一个相对完整、独立的宗教世界，使人们走进洞窟犹如走进佛国，“人佛交接，两得相见”，在艺术美感的潜移默化中，“动人心志”，诱导人们信奉宗教。

敦煌石窟艺术与敦煌艺术的关系，前者是后者的一部分。敦煌艺术虽然主要指敦煌石窟艺术，但它还包括藏经洞出土的绢画、麻布画、纸画、写本（从书法角度）以及敦煌地区的其他文物艺术品，如古墓壁画、画像砖、汉简书法等。

敦煌石窟艺术的基本内容

一、 敦煌石窟建筑的基本内容

人们为了某种宗教需要而建造的寺、庙等建筑空间，大部分是木结构建筑，如人们常见的一般佛寺、佛殿、佛帐等。但由于受环境、条件以及心理、习惯等影响，也有许多是利用石崖凿建而成的。不过，两者的功能都是相同的。

敦煌石窟，特别是敦煌莫高窟，其前后绵延的时间之长，历代所凿洞窟之多，比起国内其他石窟来，都是首屈一指的。

敦煌的石窟，其性质都属于佛教寺院。它的建造结构，虽然基本上是石崖结构，但由于许多原因（或加固、或装饰、或宗教需要等），许多洞窟前增建有木结构窟檐，一些洞窟内也有木结构窟顶，同时，出于宗教需要某些洞窟内或窟区外部建有佛塔；另外，为了方便人们到洞窟进行宗教活动，各洞窟之间，即窟前修建有栈道。如此等等，均属于敦煌石窟建筑的范畴。为此，下面我们将从洞窟形制、木构窟檐、殿堂、窟前栈道、塔等几方面进行介绍。

（一）洞窟形制

以莫高窟为主体的敦煌石窟，其洞窟形制，一般首先分洞窟前室和洞窟主室。

洞窟前室形制大致有三种：

1. 敞开式（不完整式）。莫高窟现存绝大多数洞窟的前室都是不“完整”的，即只有前室的左、右壁和后壁，后壁上接向前斜的前室顶，没有前壁，向外敞开着。

莫高窟现存的敞开的前室，大体就是开凿时的原状。因此，前室窟前最初可能都有木结构窟檐以代替石质前壁。

2. 封闭式（完整式）。莫高窟现存这样的前室窟形极少，仅初唐第 371 窟的完整前室可视为特例。其前室作横向人字披，前壁厚约70厘米，前壁中央开窟门。

3. 甬道式（厚前壁）。与莫高窟地域邻近、石质一样的安西榆林窟，在洞窟主室之前大都有一个完整的前室，由岩面凿甬道通向前室前壁中央；甬道之长即前室“前壁”之厚通常达七至八米；在各窟的前室之间，还有横向甬道将各窟连通起来。

洞窟前室，是外部空间与洞窟空间之间的过渡，人们从人的世界进入到佛的世界的时候，在这里产生情绪上的转化。

前室的窟檐（木造的或石凿的）模仿殿堂的样子，显然具有亲切近人的气氛。

洞窟主室形制主要有六种：

1. 中心塔柱式。中心塔柱式是北朝洞窟的典型形制。中心柱窟又称“塔庙窟”，其形制为：平面作长方形；前部有“人字披”屋顶，横梁两端有木质斗拱承托，系模仿中原木构建筑；后部平顶中心凿留一方形塔柱，有塔柱的左右形成通道。

这种有中心塔柱，把全窟布置成前后两个空间的形式，是同当时宗教活动密切相关的。显然，前部是供信众“礼拜”的殿堂式的空间，相当于印度支提窟中的“礼堂”；后部是供“绕行”的甬道式空间，是专为佛教徒绕塔观像而设(图19)。

图19 北魏第254窟内景

2. 毗诃罗式。“毗诃罗”为梵文Vihara的音译，意译则为“精舍”、“僧院”、“住

所”，主要是供僧侣坐禅修行用的，因此这类洞窟又叫“禅窟”。其形制为：在主室两侧对称各开小窟（四个、八个不等），小窟一般见方一米余；窟门有的作圆券形，上沿画火焰门楣。

禅窟内一般无壁画，专供坐禅用。按照禅学的说法，僧众只要静坐敛心，止息杂念，专注于一境，久而久之，就能达到身轻心安，观照明净，而得自我解脱。

3. 覆斗式。覆斗式窟又称“佛殿窟”，是隋唐洞窟最基本的形制；该形制一直延续到元代。其形制为：平面呈方形，覆斗顶（即窟顶为倒“斗”形），后壁（西壁）开龛造像。

覆斗顶窟的窟顶，可能是模仿古代的“斗帐”建造。汉代刘熙《释名》说：“小帐曰斗，形如覆斗也。”在古代，帐是一种高级设置，一般只供王公贵族使用，有时还有等级的规定。

在覆斗式洞窟里，信徒们不再进行绕塔回行的礼仪，因此它主要为信徒作一般的供奉礼拜活动之用。

4. 涅槃窟。“涅槃”是梵文 Nirvāna 的音译。佛教说人生最苦。所谓“涅槃”，就是修真悟道，成无上正觉，解脱生老病死和轮回之苦，进入不生不灭的境界而永享极乐的意思。为了宣传这一思想，就在洞窟里造释迦牟尼涅槃像（图 20）。

涅槃窟的特点是将涅槃像作为洞窟的主体，前面没有遮挡而

图 20 中唐第 158 窟 涅槃像

使卧像赫然横陈在观众面前。一般涅槃像都塑造得体态柔软、神情如睡梦般安详和宁静，所以该形制平面一般都作横长方形。

5. 大佛窟。和涅槃窟一样，大佛窟也是应某一特定需要而开凿的特殊形制，规模很大，莫高窟 96 窟大像高达 33 米，130 窟大像高 26 米，榆林窟第 6 窟大像亦高 20 米以上。这些大像都没有直接暴露在外，而是在岩石内部凿出，石胎外敷泥，赋彩。容纳大佛的洞窟是一个高耸的空间，下大上小，下部平面呈方形，石窟向上弧转收小。窟底佛像前的地方并不宽阔，人在窟底距离大佛很近，仰视大佛，更显得佛的庄严伟大而感到自身的渺小。这类洞窟，通向岩外的通道都不只一条，而是分上下层共二至三条。上层的通道不但可供登临，以便就近瞻仰大佛面容，同时也是佛头部的光线来源。

6. 背屏式。背屏式洞窟主要见于五代、宋时期。其窟形接近覆斗式，也是方形平面，覆斗顶，但顶的四角常有稍稍凹进的弧面；四壁都不开龛，而将佛、菩萨等造像安置于窟内中央靠后的坛上，坛四周与四壁之间保持一定的距离，可作通道。所谓“背屏”，是凿窟之时在坛后沿正中留出的一面石壁，石壁由坛上直通窟顶，一般厚约 1 米，宽约 4 米；石壁前安置主尊，故习称此石壁为背屏。

除上述六种主要窟形外，另有一些次要的形制，如 275 窟平面纵长，顶作左右双披盝顶形；又如 423 窟采用了与中心塔柱式窟类似的窟顶，即由前部的人字披和后部的平顶组合而成，但它没有凿出任何塔形，只在后壁开一龛，如此等等。

（二）木构窟檐、殿堂、栈道

莫高窟现在的外观是 20 世纪 60 年代洞窟加固之后的面貌。现在窟崖上仅保存着十座唐、宋及清代、民国时期的窟檐。从这些窟檐建筑可以想见，千百年前人们出于宗教动机建造的几百座窟檐殿堂，檐翼相接，画柱雕梁，十分壮观。

现存唐末宋初的木构窟檐共5座，其中完整的4座，另一座残缺。完整的4座是：第427窟窟檐建于宋初开宝三年（970年），第444窟窟檐建于宋初开宝九年（976年），第431窟窟檐建于太平兴国五年（980年），第437窟窟檐虽无纪年，但其结构形式与第427、431窟窟檐相比较，时代接近；残缺的一座是196窟窟檐，它上部残毁，仅存四根檐柱及梁枋构件，造于晚唐末期，窟檐与洞窟是同时建造的。

另外清代、民国时期的木构窟檐、殿堂亦尚存5座，它们是：三层楼，即今16窟前之木建筑，始建于同治十二年（1873年）以前，重建于光绪二十三年至三十二年之间（1897年—1905年），138窟、454窟，始建年代不详，但其窟外或窟内木构建筑系清代所建无疑；九层楼，又称“大佛殿”或“大云寺”，即今96窟，始建于唐初（最初为四层），共经5次修建，最后一次重建是民国二十四年（1935年）。重建后的九层楼，高43米，窟檐9层，下面7层依山靠岩而建，上两层是保护33米高的弥勒像头部的顶盖。整个楼身的建造充分利用地形地势，巍峨绮丽，殊为壮观。九层楼建筑目前已成为莫高窟的象征。

另外，据20世纪60年代和70年代两次考古发掘，在莫高窟共发现窟前殿堂遗址22个，其中，属五代的有98、100、108、85、22、44、45、46等窟，宋代的有61、55、53、25等窟；西夏的有35、38、39、467、27至30、130等窟；经元代重修的有61、22、85等窟。

所谓窟前建筑遗址，是指紧接洞窟前修建的木构建筑的遗存，是以洞窟为主体的附属建筑物，与洞窟本身构成了统一的整体。它与洞窟前后相连接，绝大多数是相当于洞窟的前室。因后室（主室）凿于崖壁内，前室则延伸到崖壁以外，故多数形成前殿后窟形式的建筑格局。

为了方便信众到洞窟中进行宗教活动，各洞窟之间，即窟前修建有木结构的栈道。这些栈道虽然由于60年代进行洞窟加固已基本上看不到了，不过通过工程前的一些照片还可以了解到以前的一些建筑原貌。另外唐宋以来，有许多关于古代莫高窟建筑情况的文字记载，如唐《陇西李府君修功德碑记》就有如下记载："凿为灵龛，上下云矗，构以飞阁，南北霞连。……檐飞雁翅；……前流长河，波映重阁。"《敦煌录》："前设楼阁数层，有大像堂殿，……其小龛无数，悉有虚槛通连，巡礼游览之景。"108窟窟外南侧残壁五代人张盈润所书题记"傍通阁道，巡万像如同佛国。"在以上各文及其他记述莫高窟的文献中也屡屡出现如"悬阁"、"重轩"、"危楼"、"复道"、"朱栏"、"绣柱"等词语。这些文字的描述，使我们了解到：唐、五代、宋时，在莫高窟区域的整个崖面上，分布着许多窟檐，窟檐之间用栈道通连着。

图21 慈氏塔

（三）塔

在莫高窟窟前园林中，现有一座小巧的亭阁式塔（原在三危山老君堂），木檐土身，单檐八角攒尖顶，上有覆钵相轮的塔刹；塔身正面有门，门额上墨书"慈氏之塔"，门内有方形小室，各壁及穹隆顶均有壁画；塔外有天王塑像。这种亭阁的土心木檐的小塔，是我国遗存至今的唯一孤例。根据塔形和结构特点分析，此塔可能建于宋初，比一般认为国内最早的应县木塔还要早（图21）。

离莫高窟不远的成城湾

亦有一座宋塔，这是一座可能与《华严经》有关的华塔。该塔八角单层，土筑，塔外有升龙等塑像，塔内有壁画，其格局与慈氏塔颇有相通之处。此塔巨大而奇特的浮塑塔顶形象在国内实例中很少见。

莫高窟附近还有二十余座土塔，其中有的是西夏所建造，也有的是元代喇嘛塔，也有清代王道士墓塔等，均有一定的历史研究价值。幢幢古塔屹立在沙丘之中，它们那古老的身影为莫高窟悠久的艺术生命力更增添了庄重、古朴、神秘的风姿，亦成为莫高窟窟外重要的游览胜景。

二、敦煌雕塑的基本内容

敦煌石窟中的塑像，由于开凿石窟的崖壁是粗糙的砾岩，不易雕刻佛像，古代匠师就地取材，发展了敷彩的泥塑，故敦煌雕塑又称敦煌彩塑。

据不确切统计（暂依据《敦煌莫高窟内容总录》），莫高窟现存自北凉至民国时期近 1600 年的历代彩塑 3390 身。其中圆雕塑像 2088 身，影塑 1302 身；装饰性的龛楣龙凤等雕塑尚未计算在内。影塑均为北朝时期所塑；圆雕塑像中，北凉塑像 11 身，北魏 208 身，西魏 55 身，北周 86 身，隋 330 身，唐 549 身，五代 52 身，宋 53 身，西夏 39 身，元 8 身，清 697 身。

图 22 北魏第 257 窟中心柱东向面 说法佛

敦煌彩塑的题材内容可以分为以下十类：

（一）佛像

据初步统计，莫高窟现有佛塑像计 369 身，其中北凉 2 身，北魏62身，西魏18身，北周21身，隋82身，唐146身，五代10身，宋13身，西夏14身，元1身（清未统计）。这些佛像又可以分为以下内容：

1. 释迦牟尼坐像。在早期洞窟中，一般在中心塔柱四面塑释迦的苦修像、禅定像、降魔像、说法像，以极度概括的方式宣扬释迦牟尼佛的生平事迹（如北魏257窟）（图22）。中晚唐洞窟里则主要塑释迦的说法像，一般释迦两侧有弟子、菩萨，构成一佛二弟子或一佛二菩萨或一佛二弟子二菩萨的形式（如隋419窟）。

图23 北魏第259窟西壁 释迦多宝并坐像

2. 释迦、多宝并坐像。该题材主要表现释迦的神通广大。据《法华经》说，法华会上，有多宝塔涌现其前，释迦依会众之请，以神通开启塔门，多宝佛立即分半座请释迦佛入塔，二佛并坐（如北魏259窟）（图23）。

3. 涅槃像。表现释迦死后的场面，俗称“卧佛”、“睡佛”。宣传通过修行断灭生死诸苦及其烦恼后获得的一种精神境界；并以佛死后的安详、恬静的神情及菩萨的泰然处之，与弟子悲痛举哀的行动进行强烈对比，借此宣传大乘佛教思想（如中唐158窟）。

4. 弥勒佛像。继承释迦牟尼佛位为未来佛的菩萨。佛经记载他原出于婆罗门家庭，后为佛弟子，先佛入灭，上生于兜率天宫，经4000岁（相当于人间56亿7000万年）降生人间，于华林园龙华树下成佛。在莫高窟，弥勒最初是以交脚菩萨的形式出现在北凉、北魏等早期洞窟中（如北凉275窟、北魏254窟），然后又和过去佛迦叶、现在佛释迦共同构成三世佛出现在隋代洞窟里（如隋427、244窟）。到了初唐、盛唐之际，一些佛教徒撰《大云经》附会武则天是“弥勒下世”，故出现了不少独立的、巨大的弥勒倚坐像（如初唐96窟、盛唐130窟）。

5. 阿弥陀佛像。是“西方极乐世界”的教主，与观世音、大势至菩萨合称为“西方三圣”。因能接引念佛人往生“西方净土”，故又称“接引佛”。在莫高窟的塑像中，阿弥陀与释迦佛的形象不易区别（如隋代420窟）。

6. 药师佛像。是“东方琉璃世界”的教主，与日光、月光二菩萨合称为“东方三圣”。药师佛曾发十二大愿，要满足众生一切欲望，拔除众生一切痛苦，其形象一般为手持一药钵于胸前（如370窟清塑）。

7. 过去七佛像。佛经记载释迦牟尼前有六佛：毗婆尸佛、毗舍婆佛、尸弃佛、拘楼孙佛、拘那含佛、迦叶佛，加上释迦牟尼，通称“过去七佛”，如盛唐46窟、中唐365窟（图24）。

图24 盛唐第46窟北壁 七佛龛

8. 三世佛像。即过去、现在、未来三世之佛，在莫高窟，过去佛一般指迦叶佛（与释迦大弟子迦叶并非一人）、现在佛为释迦牟尼佛、未来佛为弥勒佛。造像中通常为三佛并坐或直立，释迦居中，迦叶、弥勒居左右（如隋427、292、244窟）。有时在涅槃窟中亦将迦叶、弥勒列于释迦涅槃像的左、右，如158窟，有立，有卧，有坐，是一种新的组合方式。实际上，宣扬三世佛主要是宣传未来佛，体现佛教法统的承传性，宣传佛教新陈代谢的必然性，即引导佛教徒既要正视过去和现实，更要注意和相信未来。

9. 千佛像。即按佛经所载的过去庄严劫、现在贤劫、未来星宿劫三世出生的三千佛之塑像。在莫高窟，主要以影塑的方式：或塑于中心柱龛顶部（如西魏288窟），或塑于四壁（如北周428窟）。绘、塑千佛像，或抄、念各佛名号，都是非常重要的积功德活动。

10. 化佛。佛、菩萨等以神通力化作之佛形。例如据佛经说，无量寿佛就曾经使身后的圆光中出现“有百万亿那由陀恒河沙化佛”，观世音菩萨也曾在将成佛的人前“现佛身而为说法”。主要是宣扬佛教的神通力。在莫高窟，许多佛的头光、背光中及菩萨的宝冠上都绘塑有化佛，如北凉275窟交脚弥勒菩萨头上即塑的是化佛冠。

（二）菩萨像

据初步统计，莫高窟现有菩萨塑像计599身，其中北凉7身，北魏143身，西魏35身，北周34身，隋148身，唐177身，五代17身，宋20身，西夏13身，元5身。这些菩萨像又可以分为以下内容：

图25 北凉第275窟北壁 交脚菩萨

1. 弥勒菩萨像。尚未成佛前的弥勒像。莫高窟早期洞窟中的菩萨像主要塑的是尚未成佛前的弥勒，一般以交脚或半跏思惟的形式坐于象征天宫的阙形龛中，如275窟北壁上方龛内菩萨。其寓意可能是预示未来佛（即救世主）即将降临（图25）。

2. 文殊菩萨像。佛教四大菩萨之一，为毗卢舍那佛或释迦牟尼佛的左胁侍。文殊博学广闻、多才善辩，是象征智慧的菩萨。形象特征为顶结五髻，骑狮表示智慧威武，有时又持宝剑表示智慧锐利；或立或半迦趺坐（如100、178、237窟）。

3. 普贤菩萨像。佛教四大菩萨之一，为毗卢舍那佛或释迦牟尼佛的右胁侍。表示所起万行欲达彼岸，须由此起，专司“理”德；曾起誓护卫佛灭后的《法华经》，以骑白象来除掉人间诸害。故形象或立或半迦趺坐，骑白象（如100、178、237窟）。

4. 观音菩萨像。佛教四大菩萨之一，亦与大势至同为阿弥陀佛的左右胁侍，合称“西方三圣”。观音为发大心、普救世人的大慈大悲菩萨，能显现33种化身寻声往救众生。主要特征为宝冠上饰坐佛，手持净水瓶或莲花或柳叶，如隋代420窟龛内迦叶左侧的观音即右手提净水瓶，左手持柳枝。另外，观音尚有千手千眼观音、如意轮观音、不空羂索观音等形象，但在莫高窟主要见于壁画。

图 26 北周第290窟中心塔柱南向龛 胁侍菩萨

5. 大势至菩萨像。阿弥陀佛的右胁侍，与阿弥陀佛、观音菩萨合称“西方三圣”。据《观无量寿经》说：“以智慧光，普照一切，令离三涂，得无上力，是故号此菩萨名大势至。”形象特点为宝冠上有宝瓶，意为盛诸光明，普现佛世（如隋代420窟）。

6. 胁侍菩萨像。立于佛两胁之菩萨，即常侍佛赞佛化众生之大士。胁侍又作胁士、挟侍，“士”为大士、菩萨之译名。敦煌莫高窟中所塑菩萨，大部分即胁侍菩萨，如西魏342窟、北周290窟中心塔柱龛外两侧菩萨（图26）。

7. 供养菩萨像。以香花、饮食、衣服、幡盖、伎乐、合掌等事物奉佛的菩萨。《无量寿经》曰："设我得佛，国中菩萨，在诸佛前，现其德本，诸所欲求供养之具，若不如意者，不取正觉。"莫高窟所塑供养菩萨多姿多态，如248窟中心柱东向龛上供养菩萨或合掌，或手捧莲蕾。

图27 隋代第419窟西龛南侧 阿难

（三）弟子像

据初步统计，莫高窟现有弟子塑像计292身，其中北周30身，隋94身，唐147身，五代9身，宋8身，西夏4身。弟子塑像在莫高窟主要以下面两种形式出现：

1. 两弟子像。即仅将迦叶、阿难塑于释迦佛的两侧，莫高窟中，此形式最为常见（如隋419窟、盛唐45窟）。迦叶是释迦的十大弟子之一，以苦行著称；阿难亦是释迦的十大弟子之一，以多闻著称，两弟子在释迦死后的结集中，曾是主张截然不同的两大派。在释迦佛的两侧塑迦叶、阿难，可能是以其强烈的对比手法来突出宣传佛教的兼容性（图27）。

2. 十大弟子像。即舍利弗、目犍连、摩诃迦叶、阿那律、须菩提、富楼那、迦旃延、优婆离、罗睺罗、阿难等十人的塑像。主要见于涅槃窟内释迦卧像的后面，从弟子或投地啼哭、或举臂号啕，其悲不自胜的姿态与佛、菩萨的欣慰、沉静、坦然的表情成对比，借此宣扬大乘、小乘之间的差异（如148窟）。

（四）天王、金刚、力士像

据初步统计，莫高窟现有天王塑像计82身，其中北魏1身，隋4身，唐59身，五代9身，宋3身，西夏4身，元2身；有力士塑像计25身，其中北魏2身，北周1身，隋2身，唐10身，五代2身，宋8身。

图28 盛唐第194窟西壁龛外南侧 力士

天王，既指守卫须弥山腹的东方持国、南方增长、西方广目、北方多闻四大天王，亦特指随军护法的北方毗沙门天王（即多闻天王），另外似泛指其他威武勇猛的天将和天龙八部中天众之首领。四大天王亦称四大金刚。天王和力士的区别在于前者着铠甲，后者赤上身，如隋427窟、盛唐194窟（图28）。力士，大力之士；人们有时又称为金刚力士。《行宗记》曰："金刚者，即侍从力士，手持金刚杵，因以为名。"不过，各石窟中的力士形象，也有许多不持金刚杵的。天王、金刚、力士三者概念交叉，混杂，故有时不易区别。

（五）羽人、飞天像

羽人，即飞仙，是中国古代神话中能自由飞翔的仙人。王充《论衡》云："图仙人之形，体生毛，臂变为翼，行于云。"如297窟龛楣羽人。但该羽人头上长双角，此羽人或许正是古代传说中"龙人"的形象。

飞天，是佛教艺术中能在空中自由飞翔的天人，她反映了古代人们渴求自由、盼望征服太空的美好愿望，敦煌莫高窟创造了大量的多姿多态的飞天形象。飞天和羽人的主要区别是，羽人靠羽翼飞翔，飞天则仅凭身上长袖、长巾而凌空翱翔（如北魏437窟影塑飞天）(图29)。

图 29 北魏第437窟中心柱东向面 影塑飞天

（六）地神、天女像

莫高窟还有一些“地神”、“天女”等雕塑，如隋427、唐45窟天王脚下，塑有谓作“地神”的邪鬼；又如北魏260窟的影塑供养天女。

（七）禅僧、高僧像

在西魏285窟西壁两侧小龛内，塑有正在潜心修行的禅僧。另外，中唐357、晚唐139、五代137、宋代444窟亦塑有禅僧。晚唐17窟（即藏经洞）塑有唐代“河西都僧统、摄沙州僧政法律三学教主洪䛒”的影像，亦作禅定状。但前者主要是礼拜者模仿的榜样，后者虽有榜样的意味，但主要属于纪念性的雕塑。

（八）禽兽像

莫高窟内尚存十多身天兽像，其中有北凉所塑，也有唐、五代、西夏所塑，形象大多既似狮又似虎（如275窟）。

在许多龛楣、藻井图案中，塑有许多龙凤图像。如北魏254、

257 等窟龛楣中的龙首，西夏 16 窟窟顶藻井中的团凤四龙。

（九）建筑装饰图案

早期洞窟中的阙形天宫，其建筑多为塑、绘结合，如 254、257 窟。另外大量的龛楣、藻井等装饰性图案中，除塑有龙、凤等图像外，还塑有不少莲花、忍冬、卷草、火焰、树木等绘样。如北周 428 窟中心塔柱东向龛浮塑的莲花龛柱、菩提树等。

（十）道教塑像

由于莫高窟的道教塑像很少，且均为清代、民国时期所塑，故将其作为一类介绍。

图 30 第 5 窟西龛北侧 八仙（部分）

莫高窟的道教塑像虽然不多，但内容相对丰富，如第 5 窟塑老君、八仙（图 30），第 11、209 窟塑灵官及侍者、神将，第 13、211 窟塑孙悟空、唐僧像，第 131 窟塑真武及侍者，138、344、454 窟塑送子娘娘等人物及假山假水，350 窟塑赵公明像，366 窟塑玉皇像，等等。

三、敦煌雕塑的表现形式和制作过程

佛教石窟造像艺术主要有五种表现形式：圆雕、高浮雕、浅浮雕、影塑、悬塑。由石窟地质条件所决定，即根据材料分类，其造像又分为石雕、泥塑、石胎泥塑三种。具体制作情况则因地制宜。

敦煌石窟的造像，因窟址大多位于不宜雕刻的砾岩崖壁上，故多为泥塑像或石胎泥塑像；陇中和陇东的石窟多位于适宜雕刻的红砂积岩上，故主要为石雕造像。炳灵寺是石雕、泥塑并举，麦积山虽以泥塑著称，但也有一些非常重要的石雕造像。

敦煌石窟和河西石窟开凿在砾岩上，不宜雕刻，所以一开始就采用传统的泥塑妆銮。古代工匠以捏、塑、贴、压、削、刻等传统泥塑技法，塑出简洁明快的形体，然后用点、染、涂、描等绘画技法赋彩，润饰皮肤，画出细节，体现质感，唐人称为“塑容绘质”。塑与绘的结合不仅关系一身塑像的艺术表现力，而且关系一龛、一壁、一窟中的雕像与壁画的统一和谐。北朝洞窟中，塑像和龛、壁结合为一体，佛为圆雕塑像在龛内居中，菩萨、弟子列置在龛内或龛外，身躯紧贴墙面，为高浮雕，头部多为模制加工后安装在身体上的。飞天、供养菩萨等附属人物都是影塑或悬塑。隋唐及以后的洞窟中，塑像在大型龛中或须弥坛上，离开了墙壁，更具有独立性和立体感。

从一些已经残破的彩塑上，可以看到敦煌、河西石窟的泥塑骨架制作非常巧妙，小型的彩塑，是先用木头削成人物的大体结构，使木胎显示出人物的基本造型和动态，然后表面塑以细质薄泥，刻画细部，最后上色而成。中型彩塑的骨架，一般是根据塑像姿势动态选用适当的弯曲的圆木，或根据情况砍削，如将脖子位置砍细，另外有的以木板制作手掌，以方形铁条做手指，也有以圆木削制成有榫的手臂形象的构件，很似木胎包纱的制作方法，十分精细。高过二、三十米的大型塑像，则不用木制骨架，而是在开窟时，预留塑像石胎，然后在石胎上凿孔插桩，再于表层敷泥塑成。

对于大多数彩塑，即中型塑像，上泥前需用芨芨草或芦苇捆扎成人物大体结构，既省泥又可减轻圆木立柱的负重。用泥大多只有两种，即粗泥和细泥，粗泥用澄泥加麦秸，塑作人物大样；细泥用澄板泥七成，细砂三成，加水合成稠泥，加麻刀或棉花，以塑人物表层和五官、衣褶、佩饰等。

泥塑的敷彩，都是重彩平涂或加叠晕。至于许多泥塑失去原先的敷彩，其原因是多方面的，如地处山林，雨多气候潮湿，以及火灾等，绝非这里的古代匠师不重视上彩。当然失去敷彩的雕塑可使观者着重于形体方面的欣赏，突出了雕塑在造型方面的特点和技艺。直至今日，我国民间彩塑艺人还十分注意塑与彩的紧密配合，尤其强调上彩的重要性，“三分塑七分彩”之说似乎有些过分，其实这正是我国传统泥塑注重装饰美的一个重要方面。

石窟雕塑都是彩塑，不管是泥塑还是石雕，只有敷彩后才是完成了的作品。甘肃各地石窟造像在敷彩上，所用颜料大体上差不多，北朝敷彩比较简朴沉着，主要用土红、石绿、石青、白、黑等颜色。佛像多以土红大面积平涂通肩衲衣，菩萨的裳、裙、飘带多用石青、石绿等色，调出深浅，叠染而成。面部及手脚，则用白色或肉色。发髻、眉毛、眼睛、胡须、眼睑和人中，则描以石青、石绿、黑、土红等色。隋代彩塑出现许多织锦图案和五光十色的璎珞装饰。唐代彩塑的敷彩更加富丽，除了描画丰富多彩之外，许多地方装金，至今还闪烁着光彩。五代、宋等晚期彩塑，在敷彩上演变成比较清雅的色调。另外，许多石窟造像，为了使塑像更加鲜明生动，根据人体肌肉的起伏变化上色，凹处用重色，凸处用浅色，强化了塑像的立体感。在塑造过程中，还有意不把胡须、铠甲、飘带等细节塑刻出来，而是留给敷彩时去最后完成；有些菩萨像身上的飘带在连接到壁画之后就不用泥塑了，而是画在壁面上，将塑像与壁画完全融合成一个整体。

四、洞窟内外的视觉心理艺术效果

雕塑是一种空间艺术，由此又分为室内雕塑和室外雕塑。佛教雕塑既有雕，又有塑；既有洞窟内的雕塑，又有洞窟外的雕塑。

不仅洞窟内外的佛教造像给予人的感觉不一样，同时由于洞窟形制和所处位置的不同，造像给予观者的感受也不相同。

一般而论，佛像即神像，在普通信众的心目中，甚至菩萨、弟子像也是神像。佛、菩萨像所处的洞窟空间，也就是“神人”们生活的天国世界。这一点，是我们在评价赏析佛教造像时应该注意的。

所谓“神”或“神人”，实际上是具有某种超常能力或特异功能的人或超人。佛教并不主张信神，许多佛学大师也经常强调释迦牟尼是人不是神。但是，释迦牟尼及其他佛、菩萨们在客观上确实让社会异化成了神，这也是一种长期存在的现实。从佛教早期洞窟的形制和造像都可以看到这样一种人与神的复杂关系。

从造像内容上看，中心塔柱四周的苦修、禅定、降魔、说法像实际上是在介绍一个普通人努力追求、精进奋斗的一生，是普通人借鉴、效仿的榜样。特别有意思的是，中心塔柱四周的佛、菩萨像，许多与真人大小一样，同时有一些佛像比真人稍大，而菩萨像比真人稍小。加上其圆雕和高浮雕的形式，显然这在视觉心理上佛菩萨像都给观众一种真实感和亲近感，而佛像又多了一些超人感和距离感，这一方面是由于佛像与菩萨像的大小比例演变出的距离感，另一方面是由于中心柱四周龛内塑像的高度距地面 2~2.5 米，稍高于观者（低于观者高度的不多），于是由仰而敬，自然使观者产生敬仰感。同时，许多菩萨像虽然比真人小，但因站立在龛台上，其总高度也让人由仰生敬。

中心塔柱正面空间较大，左、右两侧及后面空间较小；信徒在前面跪下作礼拜状或在后面绕行时，站着与跪着在视觉上自然产生不同的距离，故前者给人多一些敬仰感，后者给人多一些交流感，虽然都有一种“以身说法”的意味，但同时又有一种讲台上下的师生关系之感觉。

中心柱窟潜意识上还令人有一种“天国”可及可上之感，因为一个洞窟既可以看做一个天国，也可以看做一个世界。进入窟内前它给人的感觉是一个天国，进入窟内后它给人的感觉是一个世界。中心塔柱便是这个世界中心的须弥山，例如我们站在敦煌莫高窟第303窟须弥山中心柱前时，便会感到只要沿着这须弥山攀上去，就能到达天国（图31）。

图31 隋代第303窟内景

中心柱窟的形制和造像，对我们理解由人到神，由人间到天国的最初演化过程很有帮助。

不管是覆斗顶式殿堂窟，还是平顶式殿堂窟；不管是在正壁开龛，还是在正壁前设屏，其最重要的是，礼拜的空间增大，观者与造像的距离变得遥远了。信徒只能面对正壁的佛、菩萨像叩头礼拜，只有敬仰甚至敬畏的机会，而再也没有在佛像四周绕行，接近佛，与佛交流的机会。

早期洞窟，特别注意观像，而观像则必须依照内心体验、反省。此时静中有动，不管是坐禅的高僧还是一般观像的信徒，都在依靠各人的感觉去思考，去理解，而各人的感觉是不一样的，因此这时个性多于共性，即人性多于神性。然而在中晚期的洞窟中，佛像愈来愈大，距离观者也愈来愈远，信徒在佛像前面诚惶诚恐，除了不断地叩头礼拜和嘴里不断地重复几句祷词外，脑袋里几乎是一片空白，实际是外动内静，显然这时共性多于个性。这时候的共性统一于佛的超人能力之下，所以这时的共性主要是神性。许多学者以中晚期佛教石窟中有大量中国化或皇家殿堂化以及供养人形象愈来愈大的特点，来证明什么世俗化倾向，其实这是对宗教的不理解。如果只要注意到“朕即天子”、“皇权即神权”等客观现实，就会明白中晚期佛教艺术的所谓世俗化过程，实际是佛教及佛教艺术进一步发展、完善的过程。所谓供养人形象愈来愈大，实际上就像菩萨、弟子造像具有神像意义一样，这些供养人也试图使自己具有一定的神性。

在早期洞窟中，虽然造像是观者视觉的主体，但此时壁画中的图像确实是供人“观”的，其中的图像内容是观者视觉能分辨的。然而自隋唐以后，观者的视觉只能分辨造像，一幅幅丰富多彩的壁画这时在观者的视觉中，绝大多数都是模模糊糊的；这时的壁画，主要是为了积功德而画，是为画而画，不是为了“观”而绘制的。这也是晚期壁画和造像越来越千篇一律、越来越公式化的原因。

同样，从地域上看，由西往东佛教造像从洞窟内一步步地走到洞窟外。从美术发展史的角度看也是如此，北朝时期主要在窟内，唐宋时期大多在窟外。

图 32 麦积山东崖 佛、菩萨像

洞窟外的造像和自然环境融为一个整体。人的视野开阔了，然而此时人的心灵却变得狭窄了。因为窟外造像是开放性的，其功能是宏扬，人们在其面前只能是被动地接受，不管你是想看还是不想看，当你走到四川的大渡河和岷江、青衣江汇合处，睁开眼睛就会看到巨大的乐山大佛；一走到麦积山前，东崖高大的隋代佛、菩萨像也自然会进入您的眼帘（图 32）。所以人们在窟外造像面前其视觉心理是被动的，而要进入洞窟时，则有选择权利，因此观看窟内造像其视觉心理带有主动性。另外，一个洞窟即是一个天国或一个世界，然而窟外造像及其周围的自然环境，则只是世界中并且只是人类现实世界的一小部分。所以我们可以把窟内造像看成洞窟中的主体，而窟外造像则是从另一个世界来到人世间的客体。也就是说，窟外造像具有更多的神性。

佛教石窟艺术是由平面的壁画、立体的彩塑和容纳彩塑与壁画的窟室三者构成的，这三种艺术巧妙地组合为有机的综合的统一体，而彩塑在其中处于特殊的核心位置，其特点主要为：1. 体积的造型引人注目。彩塑是实体的形象，立体的体积，近似实物的造型，在不同的光源、不同的光强度中会引起造型的微妙变异，立体的体积比起平面的质感更加强烈，因此，体积感强的石窟彩塑就自然成为引人注目的视觉立体。2. 平面布局中彩塑居于主位。敦煌莫高窟毗诃罗式窟室的平面布局，支提窟覆斗式或背屏式窟都把主像设在中轴线上，突出彩塑佛像，从而产生突出主体的强烈的艺术效果。3. 利用立面的最佳视角突出彩塑。欣赏作品仰视点的高低、视域的大小，会使观者的情绪产生感应。如盛唐130窟与初唐96窟，观看大佛面部时必须抬头仰视60度，使观者感到自己渺小，而佛具有高不可攀的威严及神秘感（图33）。4. 彩塑内容是窟室的主体。壁画赞颂佛和菩萨，宣扬佛教的教义。彩

图33 盛唐第130窟 弥勒佛

塑却是诸神的主宰，是石窟的主人[1]。

① 傅天仇：《敦煌彩塑与环境艺术》，《1987年敦煌石窟研究国际讨论会文集·石窟艺术编》，辽宁美术出版社，1990版，第347、348页。

五、佛教造像所体现的人文思想

对于佛教束缚、禁锢人们思想的消极作用，学者们谈论得很多，但对于佛教特别是佛教艺术中蕴含的开放、积极进取的内容，似乎谈论得很少。由于篇幅，这里暂不就有关问题作全面探讨，仅就佛教造像艺术中所体现出的人文思想做一些介绍。

1. 开放与兼容。不管是从横的角度还是纵的角度看，佛教石窟雕塑艺术都具有一种开放性和兼容性。由西往东，佛教从印度传入中国，为了谋求发展，走一地迎合一地的需要，其雕塑艺术从洞窟内走到洞窟外，从个人的内在修行到面向大众的弘扬光大，从犍陀罗式到西域式的面相、体态、服饰，逐步演变为西域式和中原式的结合，乃至基本汉化，每一次动“美容手术”时似乎都没有丝毫痛苦，每一次更换“时装”时也没有羞羞答答的扭捏之态，一切都是那么自然，那么随意。众所周知，佛教的发展过程中，曾出现过许多个宗，许多个派，宗派之间也曾出现过许多次论辩；然而在佛教造像艺术中，我们虽然看到在不同历史时期，由于某一宗派或某一信仰的盛行，某些造像艺术便得到较多的发展，如小乘与大乘，弥勒净土与阿弥陀净土等等对造像艺术都有影响，但是并没有发现谁想把谁置于死地的情况，即没有这一宗派把另一宗派的造像、壁画毁掉的现象，而是相互并存于同一地区的石窟甚至同一个洞窟之中。一切顺其自然。尤其在艺术手段上更是从实际出发，或雕或塑，或凹凸晕染，或曹衣出水，或注重一块一块的体积，或注重一根一根的线条，管它是东方还是西方，雕塑家们的眼里只有美的一方。

2. 尊重女性，肯定两性存在的意义。德国著名达尔文主义者恩斯特·海克尔早在一百年前就指出：“男与女是两种不同然而具有同等价值的机体，他们各有其优缺点。文化越是发达，这种两性爱情的理想价值就越是明显，妇女就越是受尊重，……妇女乃是诗歌与艺术高度繁荣的源泉。”[①]早期的菩萨像多为男像，隋唐以后逐渐变为女像。正如唐·道宣所说：“造像梵相，宋齐间皆唇厚鼻隆，目长颐丰，挺然丈夫之相。自唐以来，笔工皆端严柔弱似妓女之貌，故今人夸宫娃如菩萨也。”[②]唐代菩萨像面相丰腴，肌肤细腻，双手纤巧，两足丰柔，身饰璎珞，腰围锦裙，处处显示出女性的特征。很明显，大胆地把菩萨塑造为漂亮的女性，不仅体现当时社会风尚对妇女的尊重，同时也体现了佛教艺术甚至佛教界对妇女的尊重（图 34）。另外，从唐宋的天王、力士像突出男性健壮、强悍的阳刚特征，应该说体现了一种男性对女性的保护性意义。显然，雕塑家们之所以要突出女性和男性特征，其目的就是肯定“男与女是两种不同然而具有同等价值的机体”。

3. 多层次个性化的理想人格。洞窟内的主体塑像除了供人膜拜外，另外一个功能便是供人“观”，而将所观之像作为自己的楷模、榜样，则是观像的目的之一。

图 34 盛唐第 45 窟西龛 菩萨

佛像形体较大，位于龛内正中，弟子和菩萨像形体大小一样，分列于两侧。从形象大小和所处的位置，一方面表现了佛教的最高理想人格是觉行圆满的佛陀，另一方面则表现了弟子和菩萨的地位是平等的。由于弟子像更靠近佛像，相较之下显得比菩萨更受宠。弟子努力追求的只是断尽烦恼、自我解脱的阿罗汉果位，而菩萨是以既追求自我解

① 恩斯特·海克尔：《宇宙之谜》，上海人民出版社，1974 年版，第 338 页。

② 《释氏要览》,《大正藏》,第 54 册第 288 页。

图35 隋代第 419 窟西龛　迦叶

脱，又努力济度众生为已任。按理说菩萨的人格层次高于弟子，其塑像亦应大于弟子，然而事实上雕塑家们似乎偏爱于弟子。这里隐藏着两个原因；一是阿罗汉果位是人们更容易通过努力能达到的目标；二是不仅弟子阿难和迦叶具有非常鲜明的个性（图 35），而且他们代表的十弟子各自具有的特异功能更代表了不同的个性，另外从后来的十六罗汉、十八罗汉以及五百罗汉像，我们更可以看到雕塑家们为了表现不同的个性所作的巨大努力。

4. 肯定现世人生意义，要求享受人世欢乐。在甘肃境内从西往东以及从早期到中、晚期的石窟中，释迦苦修像由逐步减少到消失，人们不仅不愿苦修，甚至连形容憔悴的苦修像也不愿看见，这种竭力想摆脱“苦海”的心情由此显然而见（图 36）。相反，人们对有两个美貌菩萨陪伴的阿弥陀佛塑像却愈来愈表现出更多的热情。从教义上看，信仰阿弥陀提供了简便成佛的途径，信仰观世音既能

图 36 北魏第 248 窟中心柱西向龛　苦修佛

摆脱现实的各种苦难，又能获得各种现实利益；从造像形式上看，一男性佛像和二女性菩萨像的组合形式不仅比苦修像，甚至比一佛二弟子的造像形式具有更多的现实意义，特别是阿难造像的女性化倾向，观世音菩萨像由男性变为女性，则反映了这个过程中人们的潜意识活动。

5. 关注人性，弘扬人文精神。具有“力拔山兮气盖世”气概的金刚力士，以及含情脉脉、窃窃私语的菩萨、弟子等造像，也从不同角度表现了对人的力量的崇拜和对完美人性的称颂。尤为重要的，是涅槃思想和涅槃造像使人们摆脱了对死亡的恐惧，同时增加了人生的意义，把人们从生与死的极度矛盾中拯救了出来。应该承认这些在当时现实生活中都具有很强的人文精神，在佛教思想史和佛教艺术史上都具有非常重要的意义。

六、敦煌壁画的基本内容

敦煌壁画是敦煌石窟艺术的重要组成部分。莫高窟现存壁画45000多平方米，其内容非常丰富，是一座博大精美的民族壁画艺术宫殿，亦是一条绵延近1600年的历史画廊，更是一座规模宏伟的“墙壁上的图书馆”。

敦煌壁画的题材内容可分为以下十大类[①]；

（一） 佛、菩萨、弟子等佛教偶像画

偶像画也可谓作尊像画。佛、菩萨是人们崇奉礼拜祈愿的对象，而佛、菩萨、罗汉更是佛教向人们宣传不同层次的理想人格。

佛像画有释迦牟尼佛、阿弥陀佛、药师佛、弥勒佛、过去七佛、三世佛、三世三劫千佛、十方诸佛、化佛，以及欢喜佛等等。其中最多的是千佛画像，各时期大多数洞窟的四壁都绘满千佛，有些洞窟绘三世三劫千佛，有些洞窟仅绘现在贤劫千佛。

菩萨画像有观音、大势至、文殊、普贤、弥勒、地藏等著名菩萨，以及一般的胁侍、供养菩萨。和彩塑相比，不仅多了地藏菩萨的形象，观音的形象亦更加丰富、多样化，如十一面观音、六臂观

① 为了叙述方便和避免重复，敦煌彩塑的分类较细，敦煌壁画的分类较粗。

音、千手千眼观音、如意轮观音、不空羂索观音、水月观音、白衣观音等等。

弟子画像，一是以两弟子的形象出现在一些说法图中佛的两侧（但迦叶、阿难的特征不明显），二是以十弟子的形象出现在涅槃变中。另外，亦以一些故事画的形式宣传释迦的十大弟子，如257窟的《须摩提女缘品》就逐一介绍阿那律、大迦叶等十个弟子的神通力，另外还有254窟的“难陀出家”，和55窟等的“劳度叉斗圣变”就着力介绍宣传弟子阿难、舍利弗的事迹。

（二） 天龙八部、外道等佛教护法神怪像

天龙八部，即天、龙、夜叉、阿修罗、乾闼婆、紧那罗、迦楼罗、摩睺罗伽等八大部众；是佛教的护法神，分别执管各类具体的事务，或维持秩序（天），或管理雨水（龙），或“守天城池门阁”（夜叉），或以力作战（阿修罗），或为佛施香作乐（乾闼婆、紧那罗、摩睺罗伽），或防除灾毒（迦楼罗）等。

其实，八大部众曾经大多是和佛对着干的外道，后被佛以力征服，才成为佛的部属。另外如249等窟描绘在佛两侧的鹿头梵志和婆薮仙，亦是被佛降服的两个外道。

天龙八部一般绘于佛龛南北两壁，位置较显著，一是突出其护法神的地位，二是衬托佛的威力无比，三是宣扬佛的不记前过，慈悲为怀，任人唯才。

（三） 佛说法图

据统计，莫高窟现存佛说法图933铺。这些说法图的具体内容，至今尚难确定。或是释迦说法，或是阿弥陀说法，或是弥勒说法，也可能是一些概括简练的经变画。

这些说法图大多描绘在洞窟的南北两壁，其形式或是一佛二菩萨，或是一佛二菩萨二弟子，等等；也有三佛二菩萨的，如263窟南壁所绘。

（四）佛教故事画

主要指以佛经为依据的、具有相对独立性的连环画。故事一般委婉曲折，有头有尾，对观众有较强的吸引力。莫高窟的佛教故事画大体可分为三类。

1. 佛传故事画。即描绘佛教创始人释迦牟尼生平事迹的故事画。莫高窟现存各时期的佛传故事画计 37 幅，其中北凉 1 幅，北魏 5 幅，北周 4 幅，隋 7 幅，唐 17 幅，五代 1 幅，宋 2 幅（按：第 57、278、283 等窟的乘象入胎，夜半逾城分别计算为两幅），分布在 27 个洞窟之中。

早期的佛传故事画多为片断画面，如四相、八相或者仅画乘象入胎、夜半逾城两个代表性场面。北周时期才出现完整的、连环画式的佛传故事画。如 290 窟 6 条并列的佛传故事画，长达 25 米，主要内容

图 37　北周第 290 窟窟顶西披　佛传·一箭射七鼓

图 38　五代第 61 窟西壁　佛传、太子观耕

有：乘象入胎、树下诞生、仙人占相、太子读书、太子比武、掷珠定亲、太子迎亲、出城游观、夜半逾城、树下苦修等，共80多个画面，前后衔接，连通一气，是我国现存早期最完整的传记性连环画（图37）。五代宋初曹氏画院时期，佛传故事画以屏风形式出现，如61窟描绘了130多个场面，并在原有故事情节的前面增加了降怨王立城、云童子买花、燃灯佛授记、刹利王分田、茅草王学仙、甘蔗出童子等；在原有故事情节的后面又增加了初转法轮、龙宫献偈文、布金造伽蓝、灵鹫山说法、双林入灭、百兽悲鸣、佛母下天、现身说法、均分舍利、分别造塔等（图38）。这些新内容，使佛传故事的内容更为丰富，亦更加中国化了。

2. 本生故事画。本生故事宣扬释迦牟尼前世或前若干世的各种善行。现存各时期本生故事画近20种，其中北朝洞窟就有12种20幅。如北凉时期的月光王施头、尸毗王割肉贸鸽、毗楞竭梨王身钉千钉（图39）、快目王施眼；北魏时期的萨埵太子舍身饲虎、九色鹿舍己救人（图40）；北周时期的睒子深山行孝、须阇提割肉奉亲（图41）、善事太子入海求珠（图42）；等等。

这些本生故事不仅故事曲折，情节生动，并且还包含有鲜明

图39 北凉第275窟北壁 毗楞竭梨王本生、虔阇尼婆梨王本生

图 40 北魏第 257 窟西壁 九色鹿本生(局部)

图 41 北周第 296 窟北壁 须阇提本生(局部)

图 42 北周第 296 窟窟顶南披 善事太子入海品·出游见耕地

图 43 北魏第257窟南壁 沙弥守戒自杀（局部）

的善恶观念和丰富复杂的伦理思想，是研究佛教伦理思想的重要资料。

3. 因缘故事画。即描绘佛陀度化众生的连环画。它和本生故事画的区别是：本生只讲释迦本人前生故事，而因缘则讲佛门弟子、善男信女前生或今世之事。莫高窟现存各时期因缘故事画可能有十余种，其中北朝洞窟就有10种12幅，如北魏时期的须摩提女设斋请佛、释迦从弟难陀被迫出家、沙弥守戒自杀（图43）、弊狗因一比丘得生善心；西魏时期的施身闻偈、阿那律等共化跋提长者及姊、佛度水牛升天、五百强盗成佛；北周时期的微妙比丘尼苦难遭遇（图44）、梵志夫妇摘花失命等。

图 44 北周第296窟窟顶西披 微妙比丘尼缘品·渡河

这些因缘故事画大多离奇，情节曲折，颇有戏剧性，亦反映了丰富复杂的佛教伦理思想以及当时的许多社会风俗习惯。

（五） 佛教经变画

经变画，一切以佛经为依据的绘画，如前面介绍的佛教故事画，都可以称为经变或变相，而这里主要指按一部经绘成一幅画的巨型经变。

据不确切统计，莫高窟现存这类经变画 32 种，计 1218 幅，包括《法华经》的“见宝塔品”、“观音普门品”，《药师经变》中的“九横死”、“十二大愿”，《金光明经变》中的“长者子流水品”、“舍身品”等小型经变画 50 幅；但《千佛名经变》的幅数尚未计算在内。其中，西魏 2 幅，北周 3 幅，隋 34 幅，唐 655 幅，五代 234 幅，宋 153 幅，西夏 129 幅，元 8 幅。由于诸多原因，这些数字和后面的具体介绍将有出入，仅供参考。

在石窟中绘制大量的经变画，其目的就是通过艺术的形式向信众宣扬佛教义理，也就是将信众很难理解的、甚至不认识的佛经文字转化为容易看懂的图画。

佛经，实际上就是佛教的理论，是佛教三宝中的一宝——“法”，是佛教中的一个非常重要的组成部分。经过选择，耗神费财费力而绘制的经变画，自然是窟主和设计者所认为的佛经中的精髓。因此，敦煌壁画中绘制的大量经变画，是了解敦煌乃至中国各时期佛教思想及有关信仰等问题的重要材料。所以，很有必要在此全面但有侧重地介绍莫高窟 32 种经变画的基本情况。

1. 福田经变。莫高窟仅见两幅，北周和隋代各一幅。据《佛说诸德福田经》中叙述，释迦在回答帝释天的问题时说，“广施七法”就等于在良田种福，可以收获无量。所谓“七法”就是作出七种施舍，以供奉僧人和便利百姓。北周第 296 窟的经变画。就表现了“七法”中的五个场面：立佛图僧房堂阁；植果园，施荫凉；施医药；近道作井；架设桥梁，过渡羸弱（图 45）。

图45 北周296窟窟顶北披 福田经变·喂药

福田经变在莫高窟的出现，可能与北周武帝灭佛，三阶教面临“末法之时”，提倡苦行忍辱，主张“以时勘教，以病验人”、修缮故塔破庙、多做公益事有关。

2. 法华经变。以《妙法莲华经》为题材，最初有西魏时期的“见宝塔品”，继而有隋初的“观音普门品”、“序品”、“譬喻品”。盛唐出现了内容完备、结构严谨的法华经变。到了五代，《法华经》总共28品，而描绘在经变中的就达到24品之多。

图46 盛唐103窟南壁 法华经变·化城喻品

据统计，莫高窟现存法华经变70幅，包括“见宝塔品”27幅和“观音普门品”7幅。其中西魏2幅，北周1幅，隋8幅，初唐10幅，盛唐12幅，中唐9幅，晚唐12幅，五代10幅，宋5幅，西夏1幅（图46）。

《法华经》主要强调“一切众生，皆能成佛”，弘扬“三乘归一”；特别是《观音普门品》中大慈大悲的观世音菩萨，能满足人们的各种需求。故该经变的出现和广泛流行具有极为重要的现实意义。

3. 弥勒经变。敦煌壁画中的弥勒经变始于隋，盛于唐，迄于宋，共计 97 幅。其中莫高窟 92 幅，榆林窟 3 幅，五个庙 2 幅。按时代分，隋 7 幅，唐 65 幅，五代 11 幅，宋 14 幅。

《弥勒经》分上生经和下生经。上生经讲述弥勒菩萨上生兜率天为天人说法；下生经叙述弥勒降世成佛，度众出家，弥勒世界丰盛太平。

从壁画内容来看，敦煌早期只流行上生信仰；隋唐以后，上生、下生信仰并行，而以下生为主。《弥勒经》涉及人们最实际的需求——衣食温饱、婚丧嫁娶、老有所养、死有所归，无人世险恶、社会奸诈等。

敦煌的弥勒经变，是研究古代历史和社会风俗习惯的珍贵形象资料。

4. 阿弥陀经变。该经变在敦煌莫高窟始于隋，迄于西夏，计 71 幅。其中隋 1 幅，唐 38 幅，五代 9 幅，宋 2 幅，西夏 21 幅。

《阿弥陀经》又称《小无量寿经》《小经》，宣扬西方阿弥陀极乐净土的众生"无有众苦，但受诸乐"；只要一心称念阿弥陀佛的名号，死后可往生该净土。

5. 观无量寿佛经变。是敦煌经变画中幅数较多者之一。莫高窟现存 84 幅，其中初唐 1 幅，盛唐 21 幅，中唐 34 幅，晚唐 18 幅，五代 4 幅，宋 6 幅（图 47）。另外西千佛洞有 1 幅，榆林窟有 3 幅。

图 47 盛唐第 172 窟北壁 观无量寿经变

《观无量寿佛经》，是一部叙说观想阿弥陀极乐世界依正庄严修行往生法门的经典，主要是宣讲有关如何通过三福、十六观而往生净土的理论。

6. 净土变。莫高窟尚有76幅净土变的具体内容待考。这些净土变的时代分别为：初唐3幅，盛唐1幅，中唐10幅，宋15幅，西夏47幅。

7. 药师经变。莫高窟计有该经变画111幅（包括独立的“九横死”、“十二大愿”十四幅在内）。其中隋4幅，唐70幅，五代21幅，宋9幅，西夏7幅。药师经变是根据《药师琉璃光如来本愿经》和《药师如来本愿功德经》绘制的，是“致富消灾”的大乘佛经。《本愿功德经》“序”说：“忆念名称则众苦咸脱，祈请供养则诸愿皆满。至于病士求救应死更生，王者禳灾转祸为福，信是消百怪之神符、降九横之妙术矣。”

8. 涅槃经变。《大般涅槃经》是大乘教除《法华》《维摩》《华严》《无量寿》之外的另一重要经典。涅槃变与涅槃龛是佛教艺术中的重大题材，莫高窟尚存从北周到吐蕃时代的壁画11幅，涅槃龛（像）5座。

该经主要宣扬佛身常在和“一切众生，悉有佛性”等大乘思想。

9. 宝雨经变。敦煌壁画中仅初唐321窟绘有1幅。

《宝雨经》，又名《显授不退转菩萨记》。为唐代达摩流支主译，白马寺僧薛怀义任监译，参与译事的共31人。

《宝雨经》的基本内容是“重仪律”、“明六度”、“扬五大”，即由止盖菩萨向佛提出101个问题，佛以十法答之。但经中最重要的内容实际上是，佛于伽耶山顶放光明，遍照十方，摄入面门，授记于日月光天子，当于支那国做女王。

《宝雨经》及宝雨经变的出现与武则天周革唐命有关。

10. 华严经变。莫高窟有该经变画29幅，其中盛唐1幅，中唐5幅，晚唐9幅，五代8幅，宋6幅。

《华严经》是唐代兴起的华严宗所奉持的重要经典。该经认为世界是毗卢舍那佛的显现，一微尘映世界，一瞬间含永远；宣说“法界缘起”的世界观和“圆信”、“圆解”、“圆行”、“圆证”等“顿入佛地”的思想。

11. 金光明经变。莫高窟尚存该经变画10幅。隋1幅，中唐4幅，晚唐4幅，宋1幅。其中除隋代417窟为依据《金光明经》绘制，其余均系据《金光明最胜王经》绘制。

《金光明经》共有19品，其中的主要故事一为“舍身品”，内容与早期的萨捶太子本生无异；二为《长者子流水品》，所述流水长者子救鱼故事。另外莫高窟绘制较多的除《序品》《梦见忏悔品》《大辩才天女品》等外，还有《四天王护国品》。经中说，凡诵读流布《金光明经》的国土，都将受到四天王诸神的保护。

12. 金刚经变。莫高窟现存该经变画17幅，其中中唐8幅，晚唐9幅。

《金刚经》宣扬世界上一切事物空幻不实，“实相者则是非相”，认为应“离一切诸相”而“无所往”，即对现实世界不应执著或留恋。

13. 楞伽经变。莫高窟现存该经变11幅，其中中唐1幅，晚唐5幅，五代2幅，宋3幅。

《楞伽经》，全称《楞伽阿跋多罗宝经》。“楞伽”，山名；“阿跋多罗”，“入”的意思，意谓佛入此山说的宝经。法相宗所依“六经”之一，宣说世界万物由心所造，认识的对象不在外界而在内心，并对如来藏和阿赖耶识问题有重点论述。

《楞伽经》是一部晚出的大乘经典，但在佛教中的地位相当重要，不仅法相宗将其作为基本经典，且明太祖朱元璋曾规定该经与《心经》《金刚经》为僧人必习的三经。

14. 天请问经变。莫高窟现存该经变31幅，其中盛唐1幅，中唐10幅，晚唐8幅，五代7幅，宋5幅。另外，榆林窟尚有3幅。

《天请问经》是玄奘译的一部短小的经典，内容是释迦答复一位天神提出的9组问题，中心思想是“无生为乐”、“解脱诸欲”、“布施种福”等等。

天请问经变大规模出现于吐蕃围攻沙州的紧急关头，恐非偶然。经文中说：“福能与王贼，勇猛相抗敌。”抗蕃军民在一定程度上将战争的胜败寄托在开窟种福上。

15. 思益梵天所问经变。此经变在莫高窟计12幅：中唐1幅，晚唐3幅，五代6幅，宋2幅。

此经是释迦牟尼借思益梵天及其他诸大菩萨等问法、解难而阐释大乘之宝义以破小乘之偏狭的一部经典。

16. 贤愚经变。莫高窟现存该经变画5幅，其中晚唐1幅，五代3幅，宋1幅。该经变画规模宏大，一般每幅画中都绘有30多品（全经69品），每品一般绘一个因缘故事，绘于一个或几个屏风画中。

《贤愚经》，又名《贤愚因缘经》，即叙述因缘故事的典籍。该经最初称为《譬喻经》，北魏凉州名僧慧朗曾云：“此经所记，源在譬喻；譬喻所明，兼载善恶；善恶相翻，贤愚之分也。前代传经已多譬喻，故因事改名号，贤愚焉。”

图48 中唐第112窟北壁 报恩经变·鹿母夫人故事

17. 报恩经变。此经变画在莫高窟始于盛唐，迄于宋，计32幅。其中盛唐2幅，中唐7幅，晚唐

11幅，五代8幅，宋4幅（图48）。

报恩经变相的盛行到消失，与当时中国，尤其是河西和敦煌的政治形势密切相关。

《报恩经》究竟是由天竺而来的“真经”还是由汉僧自撰、自编的“伪经”，历来虽然颇有异议，但其影响、意义甚大却是公认的。

《报恩经》是宣传上报佛恩、中报君亲恩、下报众生恩的经典，其中以报君亲恩为主。

18. 报父母恩重经变。莫高窟现存该经变画4幅，其中中唐1幅，晚唐1幅，宋2幅。

《父母恩重经》是东土僧人编撰的一部“伪经”，经中充满中国儒家孝道思想的说教。同时由于该经不是“真经”，故未曾收入大藏经。但是，这并不妨碍它在世俗民众中的广泛流行。在敦煌藏经洞出土的写本中，不仅有两种版本的《父母恩重经》，还有通俗的讲经文、佛曲、绢画等，可见其当时的影响之大。

19. 梵网经变。敦煌壁画中有此经变3幅，莫高窟2幅，榆林窟1幅，均为五代所绘。

《梵网经》，全称《梵网经卢舍那佛说菩萨心地戒品第十》，亦称《菩萨戒本》，佛教戒律书。宣说十重戒（杀戒、盗戒、淫戒、妄语戒、酤酒戒…… 谤三宝戒，犯此者逐出僧团）、四十八轻戒（不敬师友戒、食肉戒……）。

20. 密严经变。该经变在莫高窟有4幅，晚唐2幅，五代1幅，宋1幅。

《密严经》，全称《大乘密严经》，亦称《厚严经》，是一部密宗经典，亦是法相宗所依“六经”之一。说佛在密严国（大日如来的净土）对金刚藏菩萨讲“如来藏”不生不灭以及八识、法相等。

21. 佛顶尊胜陀罗尼经变。莫高窟仅存两幅宋代的《佛顶尊胜陀罗尼经变》。

该经是一部密教经典，据说当时人们认为“禳罪集福，净一切恶道，莫急于《佛顶尊胜陀罗尼经》”，说是唯有此经能灭众生一切恶业；只要念诵佛顶尊胜陀罗尼经，即可解除一切厄运。

值得注意的是，两幅经变都绘制在归义军节度使曹氏家族出资修建的洞窟里。

22.千佛名经变。在莫高窟中，几乎每个洞窟中都绘有千佛画，而这些千佛画，很大一部分是依据《三千佛名经》（《过去庄严劫千佛名经》《现在贤劫千佛名经》《未来星宿劫千佛名经》）或仅根据《现在贤劫千佛名经》等佛名经而绘制的。

据佛经说，通过描绘、供养、礼拜千佛和“持讽读诵”、“书写为他人说”千佛名号，不仅自己“后生之处历侍诸佛，至于作佛而无穷尽”、“所生之处常遇三宝，得生诸佛刹土，六情完具不堕八难”，并且还能“使诸众生悉生彼刹”。充分显示出“自利利他”的大乘佛教思想。

虽然莫高窟中的大部分千佛画是依据《千佛名经》所绘制，但也有不少仅绘千佛像，无千佛名号榜题，这些不能谓作《千佛名经变》，只能称为千佛画像。

23. 劳度叉斗圣变。敦煌壁画中现存18幅劳度叉斗圣变，其中莫高窟14幅，西千佛洞1幅，榆林窟3幅。以时代论，北魏1幅，初唐1幅，晚唐3幅，五代9幅，宋4幅。

敦煌早期的“劳度叉斗圣变”可能依据《贤愚经·须达起精舍缘品》绘制，如335窟。而晚唐以后，则是依据《降魔变文》绘制。

佛经《须达起精舍缘品》虽然增加了舍利弗与外道斗法的情节，但仍以购园、起精舍为主要内容，具有浓厚的宗教布道性质和弘扬佛法的作用。变文具有文艺的娱乐性，所以《降魔变文》侧重点在斗法，即内容上将精舍与斗法并重，目的是加强紧张激烈气氛，富有戏剧性和趣味性。

晚唐时期，涅槃经变突然中断，代之而起的是大量的充满喜庆色彩的劳度叉斗圣变，其背景大概与张议潮率众推翻吐蕃统治有关。

24. 维摩诘经变。莫高窟尚存该经变画68幅，其中隋11幅，唐32幅，五代16幅，宋9幅。

《维摩诘经》对中国士大夫阶层影响特别大，唐代诗人王维就曾以维摩诘自许。该经通过维摩诘居士以身说法，阐述了一套大乘空宗哲理，特别是强调居家修行的意义，认为要达到解脱不一定要过严格的出家生活，“示有资生而恒观无常，实无所贪；示有妻妾彩女，而常远离五欲淤泥”，并称此为“通达佛道”，是真正的“菩萨行”。

25. 观音经变。莫高窟现存该经变17幅，其中盛唐4幅，中唐3幅，晚唐2幅，五代2幅，宋4幅，西夏2幅。另外莫高窟还有自隋至西夏的“观音普门品变”7幅。

《法华经》第25品《观世音菩萨普门品》曾以单行本流行，这就是后世所称的《观世音经》。重点宣扬观音寻声救诸苦难和三十三现身。

敦煌艺术中的“观音普门品变”和“观音经变”，都是根据《妙法莲华经·观世音菩萨普门品》绘制的。但两者的区别在于：前者一般是作为《法华经变》其中的一个附属部分或一品绘制的，没有脱离《法华经变》的主题而独立；而后者则在经变的中心位置出现了观音的说法像，形成了以表现观音为主题的经变。

26. 文殊变。莫高窟现存该经变画计132幅，其中初唐5幅，盛唐3幅，中唐24幅，晚唐31幅，五代30幅，宋14幅，西夏21幅，元4幅。

不过，该经变究竟依据何经而绘，待考。

27. 普贤变。莫高窟现存该经变画计125幅，其中初唐6幅，盛唐2幅，中唐24幅，晚唐35幅，五代29幅，宋9幅，西夏18

幅，元 2 幅。

实际上，该经变与文殊变同为一体，究竟依据何经而绘，待考。

28. 地藏十王变。莫高窟现存该经变画 15 幅，其中中唐 1 幅，五代 9 幅，宋 4 幅，西夏 1 幅。

有关经变画可能是依据敦煌遗书中的《佛说地藏菩萨经》《佛说阎罗王经》《佛说十王经》等佛经而绘制。宣扬有关地藏及十王的信仰，主要是借此为人们指出一条如何消灾祛难、免除六道轮回的途径。

29. 千手千眼观音经变。莫高窟现存该经变画 40 幅，其中盛唐 3 幅，中唐 8 幅，晚唐 8 幅，五代 9 幅，宋 8 幅，西夏 2 幅，元 2 幅。另外，榆林窟西夏第 3 窟尚有 1 幅。

该经变系依据《千手千眼观世音菩萨广大圆满无碍大悲心陀罗尼经》而绘制。此经系密宗经典。佛经说，观世音菩萨发誓要拨济众生诸般苦难，广施众生百般利乐，于是长出千手千眼。“千”并非确指一千，而是以千喻多。千手，表示法力无边；千眼，表示智慧无穷。由于众生的苦难和烦恼形形色色，众生的愿望和需求各式各样，因此观世音变现出“一千宝臂，各执宝物”。

值得一提的是，榆林窟第 3 窟的该经变画内容非常丰富，利用观音之手，写实地描绘了大量西夏社会的生产工具、劳动状况以及音乐舞蹈、商旅生活、衣冠服饰等，是非常珍贵的图像资料。另外，千手千眼观音经变反映了观音信仰由显宗转为密宗的过程。

30. 不空羂索观音变。此观音画像莫高窟计有 57 幅，其中盛唐 1 幅，中唐 8 幅，晚唐 15 幅，五代 16 幅，宋 12 幅，西夏 5 幅。

不空羂索观音变可能系依据《不空羂索神变真言经》所绘制。此经为密宗经典。

不空羂索观音，是六观音之一。该观音持不空之羂索钩取人天之鱼（众生）于菩提之岸。因使用的是四摄法，其羂索必有所获，故名不空。

31. 如意轮观音变。莫高窟现存该观音变有65幅之多，其中盛唐1幅，中唐10幅，晚唐13幅，五代26幅，宋13幅，西夏2幅。

该经变可能是根据《观自在如意轮菩萨瑜伽》绘制，这是一部密宗经典。经中说："手持如意宝，六臂身金色。"观音手持如意宝珠，以表满众生祈愿；持轮宝，表转法轮，故名如意轮。

32. 千手千钵文殊变。莫高窟现存该经变画16幅，其中唐9幅，五代3幅，宋2幅，西夏2幅。

该画像系依据《大乘瑜珈金刚性海曼殊室利千臂千钵大教王经》绘制。经中说，释迦在祇园精舍大道场说法完毕，授意文殊菩萨施展神通，文殊即当众变现丈六金色之身，坐于法界金刚性海百宝莲花座上，身着百宝璎珞天衣，头戴七宝佛冠，身上长出千臂千手，手中各持吠琉璃钵，钵中各有一化佛，千释迦同时出现。

（六）佛教史迹画

佛教中国化的一个重要特点，就是注重史迹、嗣传的记载。在汉文佛藏中，除了大量的经、律、论、疏外，史传部是另一个极为重要的组成部分。敦煌莫高窟不仅保存了大量的佛教故事画、佛教经变画外，还保存了不少形象化的佛教史料。

佛教史迹画，是指根据史籍记载或民间传说而描绘的佛教历史人物、历史事件、佛教圣迹和灵应故事等内容的图画。佛教史迹故事在佛教中称为"感应事迹"，其中既有真人真事，也有想象虚构，但它们往往有较多的现实依据，具有历史、地理、宗教、文学等多种价值。敦煌佛教史迹画始于唐初，盛于吐蕃时期，终于北宋。据统计有40处67种之多，内容十分丰富，大体可分为以下五类：

1. 佛教历史画。主要描绘佛教史中重要或特殊的事件及其相关人物。如323窟根据《魏书·释老志》画的《张骞出使西域图》，

描绘了汉武帝甘泉宫礼拜金人，率群臣送别张骞，张骞持节西行到大夏等一系列有关张骞出使西域的情节。虽然图中有些细节不符合历史，但仍然真实地反映了中西文化交流史上这一伟大的历史事件和相关的重要人物。

2. 感通故事画。描绘的主要是一些表现因果报应的故事。如《康僧会的故事》中，吴王孙权问康僧会："佛有何灵瑞?"答："佛晦灵迹，遗骨舍利，应现无方。"又问："何在?"答："佛神迹感通，祈求可获。"（图49）

图49 初唐第323窟北壁 康僧会故事

图50 初唐第323窟北壁 佛图澄神异故事·听铃声辨凶吉

又如，孙皓不信佛法，在铜佛像上撒尿，立刻遭到报应，周身红肿，阴部尤剧，痛楚号呼。待宫女劝其信佛后，顷刻即愈。323窟《孙皓迎康僧会图》即表现了这一内容。

3. 高僧事迹画。以一些杰出、著名高僧的事迹为主要内容的图画。如《康僧会的故事》中一方面描绘了有关感通的故事，而从另一角度则记载和宣扬了高僧康僧会传教过程中的事迹。《佛图澄的故事》亦然（图50、图51）。

图 51 初唐第 323 窟北壁　佛图澄神异故事·洗肠

323 窟还描绘了高僧昙延法师的故事。隋开皇六年，隋文帝杨坚迎昙延入朝，文帝问昙延天旱原因，昙延为文帝受八戒感天普降甘霖等（图 52）。南北朝时期的少数民族（稽胡）高僧刘萨诃，在河西走廊留下了许多事迹，莫高窟为他画了不少瑞像和绘制了大型的故事画。如 72 窟的《刘萨诃因缘变》，共画了 35 个场面，从凉州开山出像起，详绘他河西行化等种种事迹。刘萨诃在当时影响颇大，在敦煌出土的圣僧画像手册中，他的名字与鸠摩罗什、佛图澄并列，莫高窟还绘有泗州和尚、志公和尚等高僧的事迹。

图 52 初唐第 323 窟南壁　隋文帝请昙延法师祈雨

4. 瑞像图。瑞像是作为祥瑞吉兆从天而降或能现灵异的佛、菩萨像或高僧像。敦煌藏经洞出土 S.2113_2 号写本，就是绘制瑞像图的文字

图 53 中唐第 231 窟西龛北披 酒泉郡释迦牟尼瑞像

设计，它记述了从南天竺、中印度到于阗、张掖、凉州、濮州的瑞像。而莫高窟 231、237 等窟中就绘制了大量的瑞像（图 53），其中就有印度的、尼波罗的、犍陀罗的，还有西域及河西张掖、酒泉的。如：

中天竺摩迦陀国放光瑞像

萨迦耶倦寺住瑞像

摩竭国须弥座释迦并银菩萨瑞像

天竺白银弥勒瑞像

盘和都督府御谷山盘和县北圣容瑞像

张掖郡影像月氏王时见

中天竺波罗奈国鹿野院中瑞像

于阗古城瑞像

酒泉郡释迦牟尼像

……

据不确切统计，莫高窟大约 20 个洞窟中绘有近 200 幅瑞像图。其中还有马头观音瑞像、龙女瑞像、天王瑞像等等。由于这些瑞像大多附有“灵异”、“圣迹”的传说，因此在中国佛教史上曾受到广泛的重视。

5. 佛教图经。指一些佛教地志和圣迹地图。如五台山图在莫高窟就有着特殊的地位。长庆四年吐蕃王朝曾向唐朝遣使求《五台山图》。吐蕃时代所建的第 159、222、237、361 等窟帐形龛内外的屏风画小型五台山图可能就是唐代“广行三铺”的“五台山图小帐”。

五代第 61 窟西壁的五台山图可以说是罕见的佛教图经，结合“古清凉传”、“广清凉传”等著作，它是我国最完备的佛教地志和圣迹地图（图 54）。从于阗国王亲礼五台圣迹的记载来看，当时沙州一定有不少僧人也随着入朝使的行列到过五台山。他们回到敦煌之后以极大的热情叙述、讲唱和描绘他们亲眼所见的五台山。壁画上反映的社会情景，应该是反映 10 世纪社会历史的宝贵资料。

图 54 五代第 61 窟西壁 五台山图(局部)

（七）供养人画像

供养人是指以钱财、田地、奴仆、经书等供养佛（实为寺庙僧侣）的一般佛教信徒。供养人画像则是为出资开窟造像的施主所画的功德像，属于肖像画。

敦煌壁画中的供养人像，现尚存约二、三千身，大体可分为 6 类：

1. 地方官吏，即当时敦煌、河西及其他地方官员，上自王公贵族，下至官府小吏，以及他们的家属。

2. 戍边将士，即当时河西、敦煌、玉门关、阳关等地的节度使、军将、校尉等（图 55）。

3. 寺院僧侣，包括阐扬三教大法师、都僧统、寺主、法师、比丘、比丘尼、优婆塞、优婆夷等。

图 55 第 233 窟佛坛东面下沿清代绘 男供养人

图 56 初唐第 375 窟南壁下部女供养人

4. 庶民百姓，如社人、农夫、铁匠、织师、猎夫、篙工、百戏艺人等。

5. 奴仆画像，如车夫、马夫、侍从、守卫及掌扇、持杖、牵衣、捧物人等。

6. 各民族人物画像，如匈奴族、汉族、鲜卑族、吐蕃族、回鹘族、党项族、蒙古族等。

供养人画像多以主仆结合成组出现，等级森严，主人像大在前，奴婢像小在后，排列成行，有的成百上千（图 56）。画像大者高丈余，小者寸余。早期画像一般仅表现供养者虔诚恭敬之心。唐代肖像进入极盛时期，形象真实，个性鲜明，神态生动，繁华富丽。五代曹氏画院有肖像画师，出现了大量的瓜沙曹氏家族的肖像。一家一族，祖宗三代，如叙家谱。

晚唐时代的出行图是供养人画像的新形式。继张议潮夫妇出行图之后（图 57），还有张淮深夫妇出行图、曹议金与回鹘公主出行图以及榆林窟的慕容归盈夫妇出行图等。人物众多，场面宏伟，反映了封建贵族的豪华奢靡，亦是当时社会生活习俗的真实写照。

图 57 晚唐第 156 窟北壁 宋国夫人出行图·杂技

敦煌莫高窟的 492 个洞窟中，几乎都有供养人画

像，且绝大多数都有榜书题记。据粗略统计，现存题记大约7000条。这些题记反映供养人的身份，都是当时真人真事的记录，且多为史籍所不载，对研究敦煌、河西及丝绸之路的政治、军事、经济、宗教、民族和中西文化交流的历史，都是难得的珍贵资料。

图58 初唐第209窟 藻井

（八）装饰图案画

即装饰洞窟建筑各个部分的形式和纹样。

装饰的部位和形式有藻井、平棋、龛楣、背光、头光、边饰、地毯、桌围、旗帜、服饰、器物等等（图58）。

装饰的纹样，有植物纹，如莲荷纹、忍冬纹、波状茶花纹、石榴卷草纹等；有天象纹，如星辰纹、云气纹、水波纹等；有几何纹，如棱格纹、方胜纹、龟背纹、圆环莲珠纹等；有动物纹，如四灵纹、蹲狮纹、团龙纹、翔凤纹、双鸽纹、驼鸟纹、祥禽瑞兽纹等；有人物纹，如飞天纹、力士纹、化生童子纹等；有结合纹，如人面鸟身纹、马头鸟身纹、兽头忍冬纹、莲荷忍冬纹、百花卷草纹等。所有纹饰都经加工变形，使其具有更浓厚的装饰美。

千年的装饰图案，汇聚成了一座具有特殊风格的装饰图案宝库。

（九）古代传统神话题材画

图59 西魏第249窟窟顶西披 雷公

这类题材主要出现在西魏时期，大多集中在一些洞窟顶部藻井四周。主要有伏羲、女娲、东王公、西王母、青龙、白虎、朱雀、玄武、开明、飞廉、雷公（图59）、羽人、方士等10余种20余幅。

伏羲、女娲是传说中

图 60 西魏第285窟窟顶东披 伏羲女娲

创造人类的神。壁画中的女娲，头束高髻，身穿大袖襦，上身为人，下身为蛇。伏羲手持矩，胸悬月轮，内画蟾蜍；这与王延寿《鲁灵光殿赋》中所说："伏羲鳞身，女娲蛇躯"相符，曾是氏族公社的图腾形象。但其图像进入汉墓以后，则成了保佑死者升天的日月神。石窟中的这类壁画虽然是受汉晋墓室壁画的影响而来，但意义主要是表示祥瑞（图 60）。

西王母、东王公是我国流传甚久的神话人物。《山海经·西山经》说："西王母，其状如人，豹尾虎齿而善啸；蓬发戴胜，是司天之厉及五残。"《神异经》说：东王公居住在石洞里，长一丈，"头发皓白"，"人形鸟面而虎尾"。都是人兽混合的怪物，显然还保留着原始社会图腾形象的特征。而敦煌壁画中，西王母乘凤辇，穿大袖襦，是一"雍容和平的妇人"；东王公身穿大袖长袍，乘龙车，成了冠服锦绣的帝王。他们成了"共管天下，三界十方"仙人的天神。

图 61 西魏第 249 窟南披 西王母

西王母、东王公一般位于窟顶南、北披或西壁龛外南北两侧，面对洞窟的主体——佛像，相向飞行，似乎是欢迎佛的来临。（图 61）

其他如青龙、白虎、朱雀、玄武、开明、雷公等灵异图像的出现，也都是作为一种祥瑞的象征，借此表示当时人们对佛教进入中国寄予了美好的希望。

图 62 第 96 窟殿前门窗 民国绘 十二生肖·蛇

（十）道教题材画

与塑像一样，真正的道教题材画在清代、民国才在莫高窟出现。其具体内容主要有：

第 11 窟龛内背屏绘墨龙，第 96 窟前室西壁门南、北绘十二生肖、门神和暗八仙等（图 62），第 138 窟前室窟顶绘暗八仙，第 150 窟前室西壁门南、北绘门神各一身，南壁绘神像 7 身，甬道南、北壁绘牛头、马面，主室西壁龛内绘山水、花卉屏风 10 扇，南、北壁绘十二星宿，东壁门南、北绘判官、钟馗、鬼卒等，第 454 窟佛坛南、北壁绘花鸟屏风 12 扇。

虽然清代、民国的塑像、壁画的艺术价值不大，但它于了解、研究该时期的美术发展史、宗教发展史以及社会风俗等，均有重要的参考价值。

七、石窟壁画的制作过程

（一）制作壁面。用掺入麦秆的粗泥敷到凿好的石壁上，捶紧压平，然后敷一层细沙泥，形成光滑的壁面。

（二）勾画轮廓。也可谓作壁画起稿上墙，用长线以土红粉末纵横弹出各大部分的大体轮廓，将墙面分割成若干块小平面，然后在各小平面内再确定形象的具体比例关系，在规定的范围内，用土红笔描成人形或其他形象。例如根据实地调查，敦煌莫高窟第 251、254、257、260 窟等窟内北魏千佛画的制作过程即是以下情况：

第一，确定位置坐标。这是与全窟的总体布局同步进行的，是用土红粉末弹出直线确定千佛画总的外框，并将千佛画的平面划分为大致相等的若干个小方块，即确定每一单幅画面的位置和大小。

第二，确定比例关系。因为各单幅画面的大小以及将绘制的佛像等形状大小一致，所以确定比例关系时，各单幅画是同时一道进行的。纵向只弹出中轴线，华盖、头光、背光、佛像、莲座都沿此轴线左右对称分布。横向划分较细，共有七根线：（1）华盖下限；（2）头背光交接处；（3）佛像头顶线；（4）佛像下颌线；（5）禅定印手上限；（6）禅定印手下限；（7）莲座上限。

第三，描绘轮廓。用较淡的土红线根据已确定的比例关系勾画轮廓（即起稿），这类土红起稿线一般较自由奔放，随意中显出生动。也有用墨线起稿的，但这道线最后被其他颜色覆盖掉。

另外还有涂刷底色、赋彩、勾定型线、提神点睛等工序，后面将再作介绍。

除了使用弹线定位的方法外，更多的是使用粉本。粉本是专供复制用的画稿，“敦煌粉本是多层厚纸制成的，为耐久之目的，在多数情况下，于纸上画墨线，并沿墨线打小洞，或覆盖于另一纸上打孔。复制稿没有原稿那样的墨线。在实际应用中，粉本置于所要绘制的表面上，红色墨粉通过粉本的小孔，在下面就出现了一系列红色斑点连成的轮廓。”① 敦煌藏经洞出土的文物中便有不少壁画粉本，“如 P.4517 就是在硬纸上刺孔用透墨法印制佛像画底稿的粉本，存硬纸上刺孔佛像（即印模）三张，依刺孔透墨法印成佛像二张，这是敦煌壁画粉本的实物。”②

而在莫高窟盛唐第 130 窟甬道上的男供养人画像，和晚唐第 107 窟佛龛北侧的菩萨画像，就留下用锥刻印画稿后再描墨线的印痕。

① 胡素馨著、唐莉云译：《模式的形成——粉本在寺院壁画构图中的应用》，《敦煌研究》，2001 年第 4 期。

② 季羡林主编：《敦煌学大辞典》，上海辞书出版社，1998 年版，第 220 页。

在具体利用粉本绘制壁画时，还考虑到整体和局部两种情况，“当时除有将全壁整铺经变汇于一卷的大型粉本外，常是利用化整为零的办法，把它分为若干局部构图，以便于携带使用。对于图中主要人物，又多备有具体的细部写照。这两类粉本相互补充。画工先据前一种粉本安排构图，然后依照后一类粉本细致地去勾勒图像中的具体形象。”[①]

（三）涂刷底色。底色又叫地色，即要用一定覆盖力的颜色刷底，使全窟壁面有一个统一的基调，而形象的轮廓仅隐约可见。也有以粉底为底色，即先在草泥地仗上涂白粉，然后在粉壁上起稿敷彩；还有在草泥地仗上起稿并敷彩完毕后，对泥壁的其余部分遍涂红色掩盖之。壁面上大片的红色或白色，各自衬托出不同的壁画效果；其他类似的衬托色，也叫底色或地色。红、白两种底色，各时代都有，北朝时期涂红底色的壁画更普遍，隋唐时期则以粉壁为底色更流行，宋、西夏、元代壁画中还出现了青、绿底色。

（四）赋彩上色。根据壁画内容和当时人们审美观念的需要，细致地将各种颜色描绘到相应的壁画位置上，特别处理好色与色之间的交接关系，使晕染时的重色与浅色形成自然的过渡。

古代佛教寺院和石窟中的壁画，一般都是由师徒相承集体合作完成，绘制起初由师父起样定稿，决定色彩分布，师父将应涂之色用符号写在画上，助手按符号布色。根据壁画色彩与符号印证，敦煌壁画中已发现的布色符号有“夕”（绿）、“工”（红）、“主”（青）三种，各取字形中的局部为代号。

从色种看，甘肃石窟壁画的传统色彩是青、绿、黑、白、朱五种，间用少许金银。色彩来源于自然界中的矿物色，通称石青、石绿、朱砂、赭石、红土、烟炱、白土、金、银等。西汉《淮南子》中有“色之数不过五，而五色之变不可胜观”之说，谢赫在“六法”中也提出“随类赋彩”的观点，甘肃石窟壁画就是在这种传统

① 杨泓：《意匠惨淡经营中——介绍敦煌卷子中的白描画稿》，《美术》，1981 年第 10 期。

思想指导下，用数量不多的色种体现了“不可胜观”的色彩变化，形成不同的时代风格。

北凉、北魏时代，土红涂底，色种较少，形成了单纯、明快、浑厚、朴实的暖色调。西魏、北周，主题画以粉壁为地，色彩日益丰富起来。《淮南子》里说：“白立而五色成矣。”在粉壁上施青绿朱紫，显得格外清新爽朗和绚丽。隋代色调开始进入金碧辉煌、豪华壮丽的阶段。

早期壁画，仍然追求平面的装饰美。画稿完成后，按物象所需和审美规律一次施布，使画面色彩的主次、轻重、浓淡、强弱配合恰当，以收到统一而稳定的效果。

早期壁画画稿极简略，赋彩则是塑造形象的重要环节，凭着有弹性的毛笔，蘸着颜色，顺着物像肌肉运动的规律，纵情涂抹。色彩、笔力、感情，浑然一体，使一草一木，一笔一画“见其生气”。早期壁画造型富有内在的生命力，就是与赋彩有密切的关系。

早期赋彩，往往不守成规，大胆变色。壁画中出现了粉白色的菩萨，土红色的药叉，绿色的骏马，五彩缤纷的火焰和云彩。中国绘画从来反对形貌彩章、历历俱足和自然主义的描写，而着意追求神似。色彩上的夸张和变化，有助于表达人物内在精神，从而给人以特殊的美感。

早期壁画赋色的一个重要的技法是晕染法。传自西域（龟兹）明暗法，即画史上所谓天竺遗法，是以同色深浅晕饰，以表现人物立体感的画法。传入龟兹以后，为之一变。形成了一面染、双面染、渲染、叠晕以及画白鼻、白眼等技法，出现了龟兹特色。传入敦煌后，又为之一变而成了多层次叠晕式圆圈染，由浅入深，色阶分明，这就形成了敦煌式的西域晕染法。

北魏晚期，从中原传来了汉民族绘画传统晕染法，效果与西域式晕染法完全不同。北朝晚期，中原式晕染法给敦煌壁画输入了新的血液，使之出现了新的面貌，但这种表现立体感很强的晕染法，不适应一般的欣赏习惯和审美理想，因而逐步地被融化于民族传统的晕染法之中，而形成一种新的画法。

岁月的流逝，带来了色彩的变化，原来人物形象的肉红色变成了灰黑色，晕染色变成了粗壮的黑线，原来并不显著的白眼白鼻梁，现在黑白分明。原来造型刻画精细，色彩鲜明，线描流畅，神情静穆，精致优美的画风，变成了造型粗壮，色彩沉厚，线描粗犷，形象怪诞，作风狂放的画风。这样就使早期壁画具有双重性格，给人以两种完全不同的审美感受。

（五）勾定型线与线描

定型线是线描技法中的一种。在大多数情况下，壁画人物在敷彩以后，轮廓模糊不清，尚需最后用墨线或赭色线精心勾勒人物五官、手足、衣饰等细部，使形象更加清晰完整。这最后一次描出轮廓的线称为定型线。敦煌莫高窟北魏第263窟、西魏第285窟等，随处可见清晰的定型线。唐代壁画色彩富丽，同样需描线定型，如莫高窟第329窟东壁说法图下的女供养人像，供养人身穿质薄的罗衣，犹能清晰辨认起稿线与定型线的区别。

线描是中国绘画造型的重要手段。富有弹力的中国毛笔，在轻重疾徐、抑扬顿挫的运动中倾注了强烈的感情，塑造出形简意赅、性格鲜明的形象。敦煌壁画的线描表现了从十六国到元代中国线描发展的轨迹，涉及面很广，既有塑造形象的起稿线、定型线、提神线，也有为使画面醒目并产生节奏、动感等作用的装饰线；表现艺术风格的用笔技法既有如曲铁盘丝的铁线描，也有如韭菜扁叶悠扬辗转之状的兰叶描（莼菜条），还有纤细柔韧如春蚕吐丝的游线描（行云流水描），以及线迹于转折处用力顿挫，急行急收，似芦苇断痕的折芦描，落笔用力顿挫形似铁钉之头，而收尾笔毫轻起如细长鼠尾的钉头鼠尾描，等等。

敦煌壁画在唐以前多为笔行疾速、线迹均匀的铁线，初盛唐时常用笔势圆转、线迹有变化的兰叶描画衣纹，表现绮罗锦帛各有厚重的轻妙之质、迎风招展之势。元代时期的莫高窟第3窟中千手千眼观音像，集各种线描于一体，描绘人面手脚用铁线，画衣纹巾带等，则“兰叶”、“游丝”、“折芦”乃至“钉头鼠尾”等技法皆有。

壁画中的人物形象，常根据塑造典型的需要变换笔法。绘制佛、菩萨像，用圆浑遒劲的线，自然圆润丰满的效果，特显庄重和悦之神气。表现力士和鬼怪之类，多以粗黑线突出青筋暴露的肌肉变化和浓眉大眼、筋骨隆起的形貌。描绘颜面丰满、眉清目秀的阿难，用圆润细淡的线。画维摩诘居士，为突出他神思敏捷的面部表情变化，画家选择了既写实又精练凝聚的线来描绘，如莫高窟盛唐第103窟东壁南侧的维摩诘，扶几坐于帐中，头前伸，目光炯炯，眉峰高耸，紧锁双眉，于眉间竖画三条曲线，鼻翼上收，似乎随意画上几撇的眼角寿纹，恰好表现了争辩激烈时刻的面部表情（图63）。又如该窟东壁北侧的“帝王与群臣图”，帝王在群臣簇拥下气宇轩昂，目空一切，大臣们都静静的，各有神思，是一幅经过高度提炼的线描典范。运笔随形，画眉毛按生长的自然规律，一根一根地描成八字眉、卧蚕眉等，或中加一笔，一段粗线促成眉峰浓淡变化，或眉间加一撇皱纹，使生蹙眉之情态；或额加几条三道弯似的皱纹，以示思索之貌；或面颊画两撇使成清

图63 盛唐第103窟东壁 维摩诘

癯之容；描绘疏须虬髯，善于概括不同规律，疏密相间，生动自然，互不雷同，笔有疾徐，笔端多变，运笔之际略施停顿、转折，线有虚实，成功地刻画出朝臣们的心理活动，将线的表现力推向新的艺术高峰。

装饰风味浓厚，是壁画艺术的一大特色。唐画可谓金碧辉煌。初盛唐追求浓艳，每动一笔力求促成富丽，因此线描发展到唐就同时具有造型、装饰的双重作用。唐代壁画的线色，除了沿用黑白二色外，又增添朱、赭、青绿等色。以莫高窟第220、217窟为代表的初唐壁画，好在洁白的肌肤上以朱色勾勒最后一道定型线，白色衣裙也描朱线衣纹。有时画各色重叠的披巾，似乎是在不着色的素壁上，以色线描成轻似烟、薄如雾的透明纱披。如第217窟西壁的大势至菩萨，一身重重叠叠的披巾裙襦，就有朱、绿、墨三种色线。画五色彩莲，在白花上勾朱线，有白中微红的色感。绘青莲描厚重的青线，使青莲生辉光鲜。

白线加强艺术效果十分得力，常运用在佛、菩萨的衣裙、披巾和飞天、力士的飘带边沿上，于墨线内再描白线，使轮廓更为清晰；于璎珞、宝冠、项饰、手镯等饰物上加绘白色圈、点，能令形象突出。白线的运用在唐代壁画中很普遍。

唐代中期以后，色调由浓郁富丽转向清新雅淡。时尚青绿冷色，流行赭、墨二色白描。在填色之风盛行的中晚唐，赭线在青、绿冷色边缘出现，可以起到补色增暖的效果。

（六）提神点睛与传神。定稿之后，画面形象已完整清晰，但有时画家为了使形象更加生动传神，往往于人物的眼、鼻等处勾描“高光”，收到形象鲜明、生动传神的艺术效果。

所谓传神，就是要在作品中表现人物的神态、神情、风姿和神采，或者说“灵魂”，说得具体一些，就是要通过人物外部形象，揭示人物的内心活动和精神境界。

敦煌壁画是造神的艺术，而神的形象来源于人。菩萨形象的背后便是宫娃、歌伎；天王力士像来源于将军武士，佛陀形象多借助于帝王。通过神的形象，寄托着人的情思，而面部表情关键则是眼睛。《孟子·离娄》云："存乎人者，莫良乎眸子，人焉瘦哉。"这就是说，人的思想感情通过眸子透露出来，这是无法隐藏的。刘安《淮南子·精神训》上也说过："孔窍（眼睛等）者，精神之户牖也。"这就是黑格尔所说的眼睛是"灵魂的住所"，"因为灵魂集中在眼睛里，灵魂不仅要通过眼睛去看事物，而且也要通过眼睛才被人看见"[①]。但黑格尔晚于我国孟子两千多年。顾恺之在绘画创作中十分重视画眼睛，所谓"阿堵传神"，就是指眼睛。张僧繇画龙能点睛，顷刻间雷电交加，画中的龙破壁飞去。这虽是神话，却说明了画眼睛是画家借以传达物像神情的重要手段。当时的敦煌学者刘昞在《人物志》注中说："征神见貌，情发于目……"这段话把眼睛与心灵的关系讲得十分透彻。这些理论无疑会直接影响到早期壁画人物精神面貌的表现上。例如在人物面部完成后，先以白粉涂眼球，然后在白粉上以墨描眼睑，点眸子，眼睛在面部特别显著。

① 黑格尔：《美学》，第1卷第3章。

早期壁画眼睛尚未形成固定程式，但不同类型的性格，已有不同的表现。天王竖眉、圆眼、目光炯炯，表现孔武有力的神情。佛陀和菩萨眼如鱼形，眸子出于正中，神情温静而潇洒。亦有竖眉平眼，露出半个眸子，好像沉思默想之中。舞蹈供养的菩萨，把眸子点在眼角上，具有特别的灵俏之趣。

面部表情眼睛虽说重点，但如果没有其他表情部分的适当配合，仍然不能深刻地表达人物的内心情绪。面带笑容的菩萨，如果没有嘴角上翘，就很难表现喜形于色的感情。又如悼念释迦的佛弟子，三角吊眼之下如无微张而下垂的嘴角，悲哀之情就不容易深刻表现出来。但是仅仅依靠眼睛和面部是不够的，还必须借助整个身姿动态和手势相应配合。如莫高窟北周第428窟的萨埵饲虎图中，二兄发现萨埵余骸时如果没有举手竖发、张口咋舌、猛扑过去等动态的配合，就难以表现出发自肺腑的呼天抢地的惊惧和悲哀。又如莫高窟西魏第249窟的天宫伎乐，怀抱琵琶，横过脸紧紧地贴在琵琶上挥指弹奏，不如此则不易表现弹奏者倾注全部感情的演奏，和被自己的琴声所陶醉的那种怡然自得的神情。壁画中人物头的俯仰，身姿直立和倾斜，腿的弯曲和舒展，手的各种招式等等，无不关联着人物的内心活动，表露着某种感情。

八、壁画中所反映的社会理想和宇宙观

（一）壁画中反映的社会理想

人们之所以有宗教信仰，从其根本动机来讲，乃是出于某种精神生活或物质生活的需要。因此不管什么宗教，它都非常关注人们的实际生活需要和设法满足人们的愿望，巧妙地引导信徒如何面对人生。佛教认为人生分为过去、现在、未来三个阶段，“过去”已经过去了，“现在”也很快就要过去，因此佛教信众特别关注未来，所以佛教壁画里反映最多的是当时人们的社会理想。

佛教的社会理想主要体现在《阿弥陀经变》《观无量寿经变》中的西方净土，还有《药师经变》的东方净土，《弥勒经变》中的弥勒净土，《法华经变》中的灵山净土，《华严经变》中的华藏世界，《密严经变》中的密严净土等净土世界中。

佛教的社会理想，反映了当时人们最美好的愿望，实际上也就是人们现实生活中的物质需要和精神需要。例如：

1. 衣食住行。不管在什么时代，对于每一个人来说，吃饭、穿衣、居住等问题都是首先面临的、最需要解决的，古代人的社会理想也自然要考虑这些实际需要。

(1) 住。虽然吃饭、穿衣对于人来说是首要的，但人的惰性和依赖性以及追求安全感等因素，又促使人们特别注重有一个属于

图 64 初唐第 329 窟南壁 阿弥陀经变

自己的“窝”。在敦煌壁画所描绘的净土世界中，首先映入人眼帘且印象最深的，除了佛、菩萨等人物像外，恐怕就是那些规模宏伟的建筑物了（图 64）。这些宫殿式建筑物，装饰华丽，气势磅礴，如《佛说阿弥陀经》所云：“楼阁，亦以金银、琉璃、玻璃、砗磲、赤珠、玛瑙而严饰之。”其规模正如唐代杜牧《阿房宫赋》所云：“五步一楼，十步一阁；廊腰缦回，檐牙高啄；各抱地势，钩心斗角。盘盘焉，囷囷焉，蜂房水涡，矗不知乎几千万落。长桥卧波，未云何龙？复道行空，不霁何虹？高低冥迷，不知东西。歌台暖响，春光融融；舞殿冷袖，风雨凄凄。一日之内，一宫之间，而气候不齐。”颇有点意味深长的是，在敦煌壁画中，人们在其理想世界中，除了追求华丽宏伟的宫殿式建筑外，也没有完全忘掉简朴实用的普通住宅甚至极简陋的小茅舍，如榆林窟五代第 36 窟壁画中的一座“庄窠”住宅和莫高窟宋代第 55 窟弥勒变中“一种七收”场景中的小茅舍（图 65）。从图中

图 65 宋代第 55 窟南壁 弥勒经变·茅舍

可以看到“用高大土墙围护的坞壁”的庄窠住宅，在防沙御风及防范敌人方面，显然有很大优点，而农田附近的小茅舍，也别有一番田园风光的自然情调，应该说这里面也包含着某种实用和审美的理想成分。

居住环境的舒适实用，不仅现代人追求，古代人也颇为重视。《西方净土变》等经变画中的七宝池，池中的功德水不仅具有清凉、甘美、润泽、解渴等作用，并且当有人跳进池中沐浴时，就好像进入一个现代化浴室一样，可随意调节水量、水温。

居住环境亦指个人住宅以外的社会城市环境。据《佛说弥勒下生经》说，在弥勒世界里，有龙王夜叉常于夜晚洒扫街巷道陌。更为有趣的是，“若有便利不净，地裂受之，受已还合”。

照明亦是一大问题，现代城市人平常最害怕的就是停电停水。而《佛说弥勒下生经》中说，在弥勒世界里，“巷陌处处有明珠柱，皆高十里，其光照耀，昼夜无异，灯烛之明，不复为用”。

从以上情况可以看到，佛教社会理想中的“住”，首先是希望其建筑形式类似宫殿，追求的是豪华，甚至近于奢侈；同时追求舒适、实用、卫生；另外亦特别追求享受，如在建筑群中占重要位置的舞榭歌台，便和娱乐有密切关系。

(2) 行。古代的人们一直梦想在天空中遨游飞翔，从佛教壁画来看，古代人渴望的飞行方式大致有这样几种：

一是腾云驾雾。如敦煌遗书 P.2324《难陀出家缘起》中云：“足蹑祥云气异香。……足下彩云曳五色。”P.3093《佛说观弥勒菩萨上生兜率天经讲经文》：“仙女千群乘彩雾。” S.4571《维摩诘经讲经文》：“人与非人等，……一时空里降，齐总下云来。”敦煌晚期壁画《法华经变》中的赴会者，《弥勒经变》中前往兜率天宫供养的忉利天主、他化自在天主、乐变化天主，以及《维摩诘经变》中从天而降的天人、菩萨等，皆是乘云驾雾而行。

二是借助功能似羽翼的长巾飘带。P.2122《佛说阿弥陀经讲经

图 66 隋代第 305 窟窟顶东披 飞天

文》描写道："化生童子见飞仙，花落空中左右旋。"敦煌壁画中的飞天，大多描绘在窟顶华盖四周，她们置身于翻滚的云彩中，身披长巾在天空中自由轻盈地飞翔。敦煌飞天形象缘于我国古代的飞仙（羽人），王充《论衡·道虚篇》云："飞者皆有翼，物无翼而飞，谓之仙人。"《神仙传·彭祖传》中也说："仙人者，或束身入云，无翅而飞；或驾乘云，上造无阶；或化为鸟兽，浮游青云。"神仙家葛洪《抱朴子》内篇卷四又道："仙童仙女来侍，飞行轻举，不用羽翼。"那么，不用羽翼靠什么飞行呢？靠形状近似于羽翼的长巾飘带，敦煌壁画中的飞天图像就这样非常清楚地告诉了我们。不过，有时为了说明背景确实是在天空中，和烘托她们飞行的气氛，因此往往又在这些飞天的下方增绘上一些云彩（图 66、图 67）。

三是借助龙凤车辇。《拾遗记》中云："西王母乘翠凤之辇来。"并云周穆王游天下时"驱黄金碧玉之车，傍气乘风"。又有《汉武帝内传》亦云："唯见王母乘紫云之辇，驾九色斑龙。"敦煌莫高窟西魏第 249、北周第 294、296、隋代第 305、401 窟、麦积山北魏第 127 窟所绘东王公、西王母（帝释天、帝释天妃）均乘龙凤车辇在天空中巡行。借助龙凤车辇而飞行，实际上借助的是能飞行的龙凤。屈原曾在《离骚》中云："驷玉虬以乘鹥兮，溘埃风余上征。""驾八龙之婉婉

图 67 隋代第 305 窟窟顶西披 飞天

兮，载云旗之委蛇。”又在《湘君》中说：“驾飞龙兮北征，遭吾道兮洞庭。”另外，壁画中还有不少乘马、乘虎、乘牛、乘象、乘孔雀、乘狮子，甚至乘山而行的仙人，如莫高窟北魏第257窟的《须摩提女因缘》（图68）、初唐第329窟的“夜半逾城”、“乘象入胎”。古人这些借助某种物体而行的幻想也值得我们注意。另外佛教所云五神通中的神足通，说是飞行自在，石壁无碍，似乎什么物体也不借助，只凭意念便能随意到某个地方。

图68 北魏第257窟北壁 须摩提女缘品·弟子乘象等

可以看出，古代人渴望在太空中飞行的方式主要有三种：一是腾云驾雾，二是借助类似鸟翼的长巾飘带，三是借助能在天空中飞行的龙凤或其他有神力的物体。

(3) 食。古人云：“民以食为天。”对于人类生存来说，悠悠万事，唯此为大。佛教的理想世界也不例外。敦煌遗书P.2122《佛说阿弥陀经讲经文》描叙阿弥陀净土世界时说：“化生童子食天厨，百味馨香各自殊，无限天人持宝器，琉璃钵饭似真珠。”S.6551《佛说阿弥陀经讲经文》又云：“地是黄金山是玉，林是琉璃水是茶，三春早吃频婆果，此间四月咬生瓜。”敦煌壁画中绘有大量的《维摩诘经变》，其中便描绘了维摩诘使“神通力”让化菩萨到香积佛世界取回一钵“香饭”，其“饭香普薰毗耶离城，及三千大千世界，时毗耶离婆罗门居士等闻是香气，身意快然，叹未曾有”。[①]

① 《注维摩诘所说经》，上海古籍出版社，1990年版，第158页。

图 69 宋代第 55 窟南壁 弥勒经变·一种七收

《佛说弥勒下生经》中亦云弥勒世界里：“果树香树，充满国内。尔时阎浮提中，常有好香，譬如香山，流水美好，味甘除患，雨泽随时，谷稼滋茂，不生草秽。一种七获，用功甚少，所收甚多。食之香美，气力充实。”敦煌壁画中大量的弥勒经变，所绘“一种七收”的场景，实际上便反映了佛教的“民以食为天”的美好理想（图 69）。

（4）衣。《佛说观弥勒菩萨上生兜率陀天经》云，在弥勒世界里，“自然树上生衣，极细柔软，人取诸之。”（图 70）“自然树上生衣”是言其数量上满足人们的需要，“极细柔软”是言其衣料质地甚佳。对于天宫中天人所穿之衣，有佛经还专门论及其重量，如《璎珞本业经》卷下曰：“净居天，衣重三铢。”《长阿含经》卷二十曰：“忉利天衣，重六铢。”《智度论》卷三十四曰：“四天王，衣重二两。忉利天，衣重一两。……色界天，衣无重相。”又敦煌文献 P.2133《妙法莲花经讲经文》中谈“衣服供养”时说：“若用名衣供养，功德无边无量，只将人世绮罗，裁作天宫模样。或添璎珞身中，或缀宝冠头上，或者五色荧煌，或作轻盈晃浪。一生供养不曾休，长

图 70 榆林窟第 38 窟西壁 弥勒经变·树上生衣

将疋段旋新差，每把金襕安膝上，更将银缕挂肩头。冬天厚暖应难比，一月轻纱一切周，到老一生长供养，西方净土必遨游。”这里面特别强调衣料为绮罗，“金襕”、“银缕”饰之外，更注重配之以“璎珞”、“宝冠”等贵重装饰物。《妙法莲花经·观世音菩萨普门品》中还着重谈及装饰物璎珞的贵重性：“无尽意菩萨白佛言：‘世尊，我今当供养观音菩萨。’即解颈众宝珠璎珞，价值百千两金而以与之。作是言：‘仁者受此施法施珍宝璎珞。’时观世音菩萨不肯受之。”转而又将“其璎珞，分作二分，一分奉释迦牟尼佛，一分奉多宝塔佛。”

敦煌文献S.4571《维摩诘经讲经文》谈及衣饰时亦云：“头冠耀处黄金蔟，……顶戴珍珠，身严玉佩。……曜曜衣装百玉纹，遥遥宝彩金黄缕。”追求的重点也是贵重的金银等饰品。由此观之，古代佛教社会理想追求的衣着一是首先解决温暖问题，二是注重衣料质地和装饰物的价值，也就是追求华丽和珍贵。

2. 娱乐。佛教的欲界六天中的第五重天，谓之乐变化天。乐变化天又译作化自乐天、化乐天等等。意思是自己以神通力自在变作妙乐而娱乐。《智度论》九曰：“化自乐者，自化五尘而娱

图 71 初唐第220窟南壁 阿弥陀经变·乐舞图

乐。”《佛地论》五曰：“乐变化天，乐自变化，作诸乐具以自娱乐。”而所谓“乐”，据《佛地论》五曰：“适娱身心名乐。”也就是说，佛教非常注重使自己的身心愉快。

在佛教的理想世界里，娱乐的方式主要有乐舞（图71）。

据《观弥勒上生经》云，在兜率天宫中，有“一一天子手中化生无量亿万七宝莲花，一一莲花上有无量亿光，其光明中具诸乐器。如是天乐不鼓自鸣。此声出时，诸女自然执众乐器，竞起歌舞。……有百千天女色妙无比，手执乐器，其乐音中演说苦空无常无我诸波罗蜜”。经文中还特别强调兜率天宫中有五大神，而第一大神便是乐神，“名曰宝幢，身雨七宝，散宫墙内。一一宝珠化成无量乐器，悬处空中不鼓自鸣”；第五大神则是歌神，“名曰正音声，身诸毛孔流出众水，一一水上有五百亿华，一一华上有二十五玉女，一一玉女身诸毛孔出一切音声，胜天魔后所有音乐。”莫高窟许多洞窟窟顶四披所绘天宫伎乐即是表现有关经文内容（图72）。

图72 北魏第435窟北壁　天宫伎乐

《阿弥陀经》亦云：“极乐国土……常有种种奇妙杂色之鸟，白鹤、孔雀、鹦鹉、舍利、迦陵频迦共命之鸟，是诸众鸟，昼夜六时，出和雅音。”敦煌壁画所绘净土变中便多绘有迦陵频迦正在奏乐的情景。敦煌文献P.2955《佛说阿弥陀经讲经文》也赞道：

“西方佛净土，从来有异禽；翩翩呈瑞气，嘹亮演清音。……音律清冷能婉转，好韵宫商申雅调，高著声音唱将来。”

天龙八部中的乾闼婆与紧那罗，前者为歌神，后者为乐神，同在极乐世界中奏乐歌唱，娱乐于佛。敦煌文献 P.2122《佛说阿弥陀经讲经文》中载道：“化生童子见飞仙，花落空中左右旋。微妙歌音云外听，尽言极乐胜诸天。……化生童子舞金钿，鼓瑟萧韶半在天。舍利鸟吟常乐韵，迦陵齐唱离攀缘。”

3. 生老病死。生老病死是每一个人都必须面临、都无法回避的问题。古代敦煌人民之所以凿窟造像，其中很重要的因素便是出于对生老病死的考虑。敦煌文献 P.2551《李君莫高窟佛龛并序》中便哀叹道：“夫人生一代，难保百龄；……乃于斯胜岫造窟一龛。”敦煌遗书 S.2113《唐沙州龙兴寺上座马德胜和尚宕泉创修功德记》亦道：“千佛净土，瑞气盘旋。后尔镌窟，数满百年。……离生死苦，香风引前。”还有不少功德记中谈到之所以绘阿弥陀经如来，是希望已故亡灵“神生净土，见佛闻法，永离三途八难，超升菩萨彼岸。”①

那么，佛国净土世界是如何解决生老病死这个问题呢？首先是不回避，承认死亡是必然的。《阿弥陀经》中便用了大量的文字来描述念阿弥陀佛名号的人“临命终时”“身无一切病苦厄难”和“往生阿弥陀佛极乐世界”的情景，《观弥勒上生经》中不仅记载了弥勒菩萨曾“具凡夫身，未断诸漏，此人命终，当生何处”，随后命终“往生兜率天上”；还指出“是诸大众，若有得闻弥勒菩萨摩诃萨名者，闻已欢喜恭敬礼拜，此人命终，如弹指顷，即得往生，如前无异。但得闻是弥勒名者，命终亦不坠黑暗处”。至于“往生”的方式，在兜率天中是“诸栏楯间，自然化生九百亿天子，五百亿天女”，而在阿弥陀净土中则化生于七宝池内的莲花之中，且分九品。

从此岸到彼岸，即生与死之间，还有一个有趣的过渡。《 阿弥

① 敦煌文献 S.4474《张安三父子敬造佛堂功德记》。

陀经发愿文》中云："至于临欲命终，预知时至，身无一切病苦厄难，心无一切贪恋迷惑，诸根悦豫，正念分明，舍报安详，如入禅定。阿弥陀佛与观音势至诸圣贤众，放光接引，垂手提携。楼阁、幢幡、异香天乐，西方圣境，昭示目前。"敦煌壁画多在洞窟（天国）的门口，欢迎人们从此岸前往彼岸的极乐世界。这里，我们可以清楚地看到古代敦煌人将接引佛绘在甬道顶部时，显然是将洞窟内部整体作为一个天国世界来考虑的。如莫高窟第108窟窟檐南壁外侧张盈润题壁中所云："傍通阁道，巡万象如同佛国；重开石室，礼千尊似到蓬莱。"

尽管死亡是必然的，尽管死后有来世有极乐世界可作寄托，但是"对死亡的恐惧无疑是最普遍最根深蒂固的人类本能之一"，[①]因此人们对生命是非常珍惜的，并且采取各种方法力图延长这短暂的生命。《无量寿经》一方面说西方净土世界中的人都是没有极限地长寿，不仅"无量寿佛，寿命长久，不可称计"，其他往生者都"可得极长生，寿乐无有极"，但是又说："其佛寿命四十二劫。"我们暂不管一劫究竟是多少万年，"四十二劫"毕竟是一个有限之数。而《佛说弥勒下生经》云，在弥勒净土中，"人寿八万四千岁，……女人年五百岁，尔乃行嫁"，到了"人命将终"时，"自然行诣冢而死"。敦煌壁画《弥勒经变》中的"婚娶图"和"老人入墓"，便生动形象地反映了人们对死亡的恐惧和对短暂生命眷念等复杂心理意识（图73）。

4. 社会秩序。据《弥勒下生经》所云，弥勒世界里，"以金沙覆地，处处皆有金银之聚"，然而"时世安乐，无有怨贼劫窃之患，城邑聚落，无闭门者"，并且"亦无衰恼水火刀兵，及诸饥馑毒害之难"；人与人之间，"人常慈心，恭敬和顺，调伏诸根，言语谦逊。"这正满足了人们开凿造像的目的，如敦煌文献S.6551便述说了人们的这些愿望："《佛说阿弥陀经》……一句一偈，价值百千两金，……三涂息苦，地狱停酸。在床病人，早得痊差。怀胎

① 卡西尔：《人论》，上海译文出版社，1985年版，第111页。

图 73 榆林窟第 25 窟北壁 弥勒经变·老人入墓

难月，母子平安。……路上行人，不逢灾难。……负债负财，恩宽平取。……兵戈不起，疫疠休生。……一人一乐业，总持十善，十恶休行，同悟真乘……”

敦煌壁画中，多在主室窟顶四角绘四大天王，其目的出资造窟的功德主说得很清楚，如敦煌文献 S.4474《张安三父子敬造佛堂功德记》云：“屋顶四隅各画四大天王，四面各画阿弥陀如来，观音势至，……先用资过往亡灵，神生净土，……现存居眷，九横不侵，灾害不兴。”敦煌文献 P.2641《莫高窟再修功德记》云：“天王四宫，现威凌而护世，……伏愿君王万岁，社稷千秋。烽烟不举于三边，乘瑞气长隆于一境。”显然，将四大天王绘在窟顶四隅，是借此起镇国安民、维护社会秩序的作用。

5. 等级关系。于不平等中求平等，而又于平等中见差距，这是佛教社会理想中人际关系的一大特色。《阿弥陀经》在赞叹阿弥陀佛的不可思议功德时，说东、南、西、北、上、下诸方的阿闳佛、日月灯佛等等如恒河沙数诸佛都“各于其国，出广长舌相，遍覆三千大千世界，说诚实言”，教导各国人民要信仰阿弥陀佛，表面上看来这似乎拔高了阿弥陀佛，而事实上，由于这里加入了在空间范围上具有实际管辖意义的东、南、西、北、上、下诸方佛的概念，一种“终生皆有佛性”、“众生平等”的意识便在这里出现了。又如《法华经·见多宝塔品》中，述及多宝佛及其塔庙，为释迦牟尼佛宣讲法华经而从地“涌现其前，为作证明”，并让半座以释迦，表面看来是说释迦佛之神力，但从另一角度来看，释迦说话做事也需别人加以作证，也就是受到别人的制约，并非绝对权威，此处显然在宣传一种互相制约的平等观念。《无量清净平等觉经》中云：“女人往生者，则化生皆作男子。”许多人认为这是佛教排斥女人的不平等思想。其实，男女性别本来就不可能平等，即使在今日社会，绝大多数人还是希望当男子而不愿做女子，因此排斥其一，统一为单一的性别，实质上反映了一种追求平等的思想。阿弥陀净土世界中的“九品往生”亦是如此，因为在现实社会中每一个人对社会的贡献不一，那在来世的极乐世界中，当然应该有所区别，于平等中见差距，这才是真正的平等。敦煌壁画维摩诘经变中天女变舍利弗、舍利弗变天女，文殊身后的比丘、菩萨、天王排列有序等，都表现了某种等级观念和关系，而《观弥勒上生经》中天子与天女共处兜率天宫，敦煌遗书 P.3093《佛说观弥勒菩萨上生兜率天经讲经文》中亦云在兜率天宫中“男见女时如见妹，女逢男处似逢兄”，亦反映了另一种平等观念的等级关系。

（二） 壁画中反映的佛教宇宙观

据《佛说观弥勒菩萨下生经》说，弥勒出家时，“应时三千大千刹土六反震动，地神各各而相告曰，今弥勒已成佛道，其声转至四天王宫，弥勒已成佛道，转闻彻于三十三天、焰摩天、兜率陀天、化乐天、他化自在天，乃至梵天……”这段经文包含了佛教主要的有关“天”的概念。

所谓三千大千刹土，即三千大千世界。以须弥山为中心，七山八海交互绕之，更以铁围山为外部，此为一小世界，一千个小世界为小千世界，合此小千世界一千为中千世界，合此中千世界一千为大千世界。所谓三千大千世界实际上就是一个大千世界，即十亿个小世界。

实际上，三千大千世界具有无限性，即《楞严经》卷四释“世界”时所云：“世为迁流，界为方位。汝今当知，东、西、南、北，东南、西南、东北、西北、上、下为界，过去、未来、现在为世。”然而，无论佛教在构想宇宙的无限上表现出非常的大胆，但在宇宙模式的构建的编码程序上怎么也摆脱不了地域人的局限性，因此他们观察到或想象出的天象和地象都是地域分野的平面或竖向的几何延伸。为了说明这一点，我们从敦煌壁画中所绘的以须弥山为中心的小世界图中可以看得很清楚。如五代 61 窟、98 窟的《维摩诘经变》中，维摩诘伸出左手，使神通力，妙喜世界即刻出现。即经中所云“于是维摩诘心念，吾当不起于座，接妙喜国、铁围山川、溪谷江河、大海泉源、须弥诸山，及日月星宿天龙鬼神、梵天等宫，并诸菩萨声闻之众，城邑聚落男女大小乃至无动如来。三道宝阶从阎浮提至忉利天，以此宝阶诸天来下，悉为礼敬无动如来，听受经法。阎浮提人亦登其阶，上升忉利天见彼诸天。妙喜世界成就如是无量功德，上至阿腻吒天，下至水际，以右手断取，如陶家轮……”[①] 图中将三道宝阶绘成一半圆拱形天梯，阿修罗王站在须弥山前的大海之中，手托日月，须弥山四周的海水中绘四大部洲，海水外是一圈铁围山为外部，山腰间二蛇（龙）缠绕，山顶上绘四大天王，无动如来等，其上的建筑可能表示三十三天或兜率天宫。61 窟佛传故事画的第十二扇屏风画中便绘有忉利天宫，99 窟南壁千手钵文殊变中则是在须弥山顶绘千手钵文殊像，61 窟《楞伽经变》亦在中心画面绘须弥山及忉利天宫等。

敦煌藏经洞出土的写本中，有几份关于三界的卷子，即 P. 2824、S.2313、S.3441。其中最有价值的是 P.2824《三界九地之

① 《注维摩诘所说经》，上海古籍出版社，1990 年版，第 184 页。

图》，这幅图便是根据地域分野的平面或竖向的几何延伸而绘制的。由此可见，佛教宇宙观中的世界虽然具有无限性，但其无限的世界的结构模式完全是平行并列和上下叠加型。

九、壁画中的佛教伦理思想

（一）避苦求乐的人生观

从佛教的创建起，佛教的基本教义便是避苦求乐。佛教创建者悉达多（释迦牟尼）之所以出家修行，据佛经《修行本起经》记载，他太子时，久在深宫，思欲出游，一出东城门，便见一“头白齿落，皮缓面皱，肉消脊偻，支节萎曲，眼泪鼻涕，涎出相属，上气喘息，身色黧黑，头手疣掉，躯体颤慑”，踞于道旁的老人，于是感叹：“人生于世，有此老患，愚人贪爱，何可乐者?”出城南门，又见一“身瘦腹大，躯体黄熟，咳嗽呕逆，百节痛毒，九孔败漏，不净自流，目不见色，耳不闻声，呻吟呼吸”的病人；出西城门，则见一“肉坏血流，膖胀烂臭，无一可取，身中有虫，虫还食之，筋脉烂尽，骨节解散，髑髅异处，脊胁肩臂、髀胫足指各自异处，飞鸟走兽竞来食之”的死人，于是更加“愍念众生有老病死苦恼大患”。而一当出北城门，看见“行步安详”、“已免忧苦”的僧人，便禁不住内心那避苦求乐的心情：“善哉！唯是为快！”莫高窟北凉第275窟南壁所绘《太子出游四门》的故事画便描绘了有关内容（图74）。

图74 北凉第275窟南壁 太子出游四门（局部）

悉达多为避苦求乐出家修行，而在具体的修行过程中，本来也想同一些苦行僧一样，以毒攻毒，以苦行的办法来摆脱苦境，谁知在六年的苦行中，由于仅喝一点豆羹赖以活命，弄得皮包骨头，奄奄一息，于是“欲求好食”向村女乞求营养丰富的牛乳来滋补身体。这以后在有了健康的身体和愉快的精神的基础上，才一下子在菩提树下悟出“四谛”，佛教也才由此而生。

从悉达多出游四门所遇所感和出家修行之目的，又从悉达多本人在最初的修行（并非佛教的修行）中由苦行改为非苦行，均可看到佛教既不主张苦行，也不主张弃乐求苦，而是恰好相反。

再从佛教的基本教义“四谛”来看，也是如此。所谓“四谛”，即“苦、集、灭、道”四谛，“谛”是“真理”的意思。佛教认为，人世间一切皆苦，具体为“生苦”、“老苦”、“病苦”、“死苦”、“怨憎会苦”、“爱别离苦”、“求不得苦”等等。这是人对自身周围的一种认识，也是一种对现实的不满。由不满自身周围之苦状，进而探究其因，这“因”便是“集”；探求苦闷之目的是为了摆脱苦境，希望由“不满”而变为“满”，即努力“避苦”、“弃苦”，弃苦后的最高境界为“涅槃”，这就是“灭”；为达到“涅槃”境界而进行的修行方法，便谓之“道”。“四谛”是要求人们在认识了自己的“苦”境以后，利用修“道”的方法，消除烦恼之因，达到“寂灭为乐”的“涅槃”境界。所谓“涅槃”，又叫“入灭”、“灭度”、“圆寂”等，是佛教所宣扬的人们靠修行达到的最高境界。人们一谈到“灭”，一谈到“涅槃”，便立即联想到“死”。在世人的心目中，“死”是最大的痛苦，许多人都想长生不老，都想避死，都想避开这最大的痛苦，于是一般人便以为佛教“弃乐求苦”。

从现象来看，佛教所追求的“灭”，所追求的“涅槃”境界，确实具有“死”的形式，并且在具体的实践中，通过修道达到“灭”或“涅槃”的境界时，人确实便要“死”去。因此从一定意义上可以说，佛教确实追求“死”。但是从本质上看，四谛之“灭”，以及所谓“涅槃”之境界，虽然在一定形式上确实包括了人们常说的“死”在内，但由于佛教教义之根本，包括“四谛”之根本，是因果关系，即佛教把整个宇宙的一切都看成是因果循环，故从佛教基本教义出发而论，所谓“灭”，所谓“死”，不过是某一事物在其因果循环过程中的一个环节而已。“死”是“涅槃”的一种形式，但“死”不等于“涅槃”，“死”是到达“涅槃”境界途中的一个环节，通过“死”可以到达“涅槃”境界，但“死”后不一定到达“涅槃”境界，“死”后还可能变为畜生、饿鬼，降到更低精神境界。佛教追求的不是通向更低精神境界的死，而是追求通向更高精神境界之死。显然，这是追求一种“乐的境界”。佛教认为通向“涅槃”境界的“死”这个环节对于人生来说，并非痛苦的环节，而是摆脱痛苦的环节。这就如同现代许多国家研究的“安乐死”问题一样。我们既不能把寻求“安乐死”的病人说成是“弃乐求苦”，更不能把主张让病人“安乐死”的医生或学者说成是“弃乐求苦”。佛教教义中的“灭”，实际上就如同这种“安乐死”。

不过，佛教所宣传的“灭谛”和其追求的“涅槃”境界，和现代医学界中所说的“安乐死”亦有所不同。“安乐死”之死意味着一个人的生命之结束，而佛教之“灭”或“涅槃”则意味着一个人的生命中的一个阶段；“安乐死”意味着就此了结，“灭”或“涅槃'”并不意味着就此了结，而把着眼点放在那“了结”之后：概言之，一个追求“安乐”之“死”，另一个追求“死”后之“安乐”。

不管是佛教的“灭”或“涅槃”也好，还是国外医学伦理学中的“安乐死”也好，有一个共同的本质，便都是“避苦求乐”。

另外，人们追求的西方极乐世界，更是反映了佛教和广大民众的避苦求乐思想。

有了正确的人生观，才可能有正确的人生目标和行为。避苦求乐的人生观是一种积极向上的人生观，它是佛教的自利利他道德原则的思想基础。它不仅指导个人的行为，同时也指导如何处理个人和社会的关系，所以具有很重要的普济于世的意义。

（二）自利利他的道德原则

众所周知，佛教宣扬的阿罗汉果强调自我解脱，而菩萨果则一方面考虑自我解脱，另一方面要求帮助众生也获得解脱。从道德基本原则，即个人利益与社会整体利益的关系而论，罗汉是以利己为根本目的，菩萨果是自利利他，即两者兼顾。如《佛说无量寿经》认为："自利利人，彼我兼利"。丁福保《佛学大辞典》有所谓"二利"的概念，里面明确指出："上求菩提为自利，下化众生为利他。小乘之行，唯为自利，菩萨之行，乃兼利他。"按照大乘佛教的要求，菩萨的修行方法可以归结为六种，即布施、持戒、忍辱、精进、禅定、智慧等所谓六度。就个人与他人的关系而言，在六度中，尤其注重"布施"，因为"布施"是所谓"自利利人"、"即帮助自己解脱，又帮助众生解脱"的最直接体现。布施的原则是："若有来求而不爱惜，辄能尽施。"[①]例如据佛经说，有一个叫须达拏的太子，喜好布施济度，不仅将国家的库藏施舍一空，甚至将涉及国家生死存亡的镇国之宝白象也毫不犹豫地施与敌国，更有甚者，连亲生骨肉也不顾，把两个儿子送与恶人为奴仆（敦煌壁画中描绘有须达拏太子亲自以绳缚二子交给恶人，二子依恋父母不肯离去，太子皆以鞭抽打，二子血流于地等感人泪下的生动形象）。

值得注意的是，"布施"并不是纯粹利他的，利他的同时也利己。施出的愈多，将获得的也就愈多。如上述须达拏太子慷慨将一切都布施后，便因此感动上天，不仅使太子复获大富，全家团聚，并且敌国也为之感化，遣使送归宝象，两国结好，太子还由此成了佛。敦煌壁画中有不少类似的佛经故事，如北凉第 275 窟

① 《阿差末菩萨经》卷 2，《大正藏》第 13 册，第 588 页。

“尸毗王割肉贸鸽”故事中，尸毗王为了拯救鸽子，不惜割取自己身肉，而此行为使天地震动，天神则以神通力，使尸毗王身体复原完好（图 75）；“快目王施眼”故事中，快目王将自己的双眼挖出，施与敌国间谍后，眼眶里又长出了比以往更加明亮、美丽的眼珠；“月光王施头”故事中，月光王将头施与恶人劳度叉后，上天诸神从天而降，同声赞叹：“月光大王，以头布施，功德道行，都已圆满。”而恶人劳度叉却被人人唾骂痛斥，最后心碎肝裂，吐血而死（图 76）。最悲壮的是北魏第 254 窟“萨埵太子舍身饲虎”的故事，萨埵出游山林，见一母虎带数幼虎，饥渴交迫，行将死去，萨埵便以竹刺喉出血，投崖饲虎，让饿虎舐血啖肉。这一行为不仅立即使层层天神

图 75 北凉第 275 窟北壁 尸毗王本生

图 76 北凉第 275 窟北壁 月光王本生

图 77 北魏第 254 窟南壁 舍身饲虎

为之感动，为之祈祷赞颂，太子亦因此成佛上天，并且长期以来为世人称叹，成为千古美谈（图 77）。

从以上所举数例可以看出佛教的“布施”行为，从思想动机来看也是自利利他。如《阿差末菩萨经》卷 2 所云：“以手施人，后为一切道法之首；耳鼻施者，后身具足，无一缺漏；以眼施者，后逮法眼为一切首道法之眼；以头施者，后所生处，三世特尊，独步无侣，诸通敏慧；肌肉施者，后成佛道，人来听经；破骨以髓施者，后得佛身，身如金刚，无能动摇”。“施手”是为了成为一切道法之首，“施耳鼻”是为了后身具足，“施眼”是为了得法，“施头”是为了成为三世特尊，“施肌肉”是为了成佛道，“施骨髓”是为了得佛身。

“布施”、“持戒”等六度的目的，在于为菩萨积累觉悟成佛的功德，亦简称“植德本”。“功德”包括一切可以获得后福和成就佛的思想与行动。具体而言，“功谓功能，善有资润福利之功，故名为功，此功是其善行家德，名为功德”。[①]“德”也释作“得”，如《胜鬘经宝窟》说：“恶尽曰功，善满称德，又德者得也，修功所得，故名功德也。”丁福保《佛学大辞典》云：“施物名功，归己曰德。”显然积功德符合自利利他的原则，更是普济于世的思想和行为。

再以福田思想而论，也是利他的同时也利己，为人们称道的佛教徒所做的一些对社会有益的事，如植树、修桥、筑路、治病等，便主要源于福田思想。《佛说诸德福田经》中，对福田的内容作了叙述：“佛告天帝，复有七法，广施名曰福田。行者得福即生

① 《大乘义章》卷 9，《大正藏》第 44 册，第 649 页。

于梵天。何谓为七？一者兴立佛图，僧房堂阁；二者园果浴池，树木清凉；三者常施医药，疗救众病；四者作牢坚船，济渡人民；五者安设桥梁，过渡羸弱；六者近道作井，渴乏得饮；七者造作圊厕，施便利处。”所谓“福田”，即福之田，指能生长幸福的地方。也就是说，只要就一定的对象布施，就能积聚功德，成就佛果。悲田指一切贫困者，也包含畜生。佛教认为对贫穷孤老乃至饿狗虫蚁救济，也将获“最胜功德”，也符合自利利他原则，是普济于世的思想和行为。

关于大、小乘之间的区别，有许多人认为大乘是自利利他，而小乘是自利，便认为小乘的阿罗汉境界太低。对此，中国当代高僧、著名佛学家、四川省佛学院院长遍能法师则有不同看法：“什么大乘小乘的？佛教的本身并没有大小乘的分别，缘起中道是佛教惟一的正见……其实，在佛教的修持实践上，所谓的北传大乘佛教，未必体现出真正的大乘佛教精神之伟大和崇高，南传的所谓小乘佛教的行持，未必都是只求自我解脱、不利益众生的自私自利。大乘的精神境界是度尽一切众生，小乘的精神境界的确是自利自度。发心尽管不同，但都是释迦牟尼佛的正信弟子啊！不能自觉，岂能觉他；不能自利，岂能利他。”[①]

佛教所宣传的自利利他或自利的道德原则，给人们提供了切实可行、于己于社会都有利的行为目标。北周第296窟窟顶北披东段所绘的《福田经变》，便鼓励人们多做公益事业，宣传利人可以利己的伦理思想。

（三）两大眷属的家庭观念

世人多以为佛教无家庭观念，其实不然。佛教的家庭观念，主要表现在以下几个方面：

1. 对传宗接代的重视和对两性关系的认识。我们知道：历史中的决定性因素归根结底为两种生产，其中一种生产是“人类自身的生产，即种的蕃衍”[②]。佛教对“种的蕃衍”也是十分重视的，

① 刘学文：《遍能法师传》，巴蜀书社，2001年版，第371页。

② 恩格斯：《家庭、私有制和国家的起源》。

据《过去现在因果经》记载，悉达多太子决意出家时，父王曾对太子说：“国嗣既重，属当相继，唯愿为我，生汝一子，然后绝俗，不复相违。”太子于是心想：“大王所以苦留我者，正自为国无绍嗣耳。”便对父王说：“善哉如敕。”然后“即以左手，指其妃腹，时耶输陀罗，便觉体异，自知有孕”。这与中国“不孝有三，无后为大”的传统观念颇为相似。

佛学中有“男女二根”的概念，男根指男性之生殖器，女根指女性之生殖器。亦有佛经专门论及男女性交与生育之关系，其论述近似于现代的优生学理论，如《增壹阿含经》卷12中谈到，若“父母共集一处，尔时父欲意盛母不大殷勤，则非成胎……母欲炽盛父不大殷勤，则非成胎……父有风病母有冷病，则不成胎……母有风病父有冷病，则非成胎……父身水气偏多母无此患，则非成胎……父身遇重患……（或）母身得重患……（或）父母身俱得疾病，则非成胎”。文中反复出现“父母集在一处”的话（引文中已删）是对“种的蕃衍”的最基本条件的客观认识，如结合引文中所述父母身心健康对受孕的影响，可以看出佛教对生育的认识含有唯物的、科学的成分。

2. 对婚姻关系的认识和注重。《起世经》曾明确指出：“阎浮提人、瞿陀尼人、弗婆提人，悉有男婚女嫁之法……诸龙金翅鸟阿修罗等，皆有婚嫁，男女法式，略如人间。四天王天、三十三天、夜摩天……皆有婚嫁。略说如前。”敦煌壁画中有大量关于“弥勒世界”的形象描绘，里面的婚礼场面，虽然是以唐、宋时期现实生活为蓝本，但表现的却是佛教的某种理想社会。佛经说，在弥勒世界里，人寿极长，能活到八万四千岁，因此女人要到五百岁才出嫁。壁画表现的就是这种男婚女嫁。

佛教不但不回避谈婚姻问题，对其中诸如议婚、求婚、争婚等具体细节也很关注。例如《修行本起经》便以大量篇幅详细叙述了太子悉达多的婚姻过程，说是悉达多长大成人后，其父净饭王

图 78 北周第 290 窟 佛传·相扑

便召群臣为其议婚，有臣就说："太子已大，宜当妻娶。"于是欲聘邻国须波佛王之女裘夷为媳。而裘夷闻悉后，向父王建议所有求婚者必须竞技，优胜者许婚。而悉达多太子为了娶裘夷为妻，与优陀、难陀、调伏等人进行了精彩的掷象、相扑、射箭等比赛，莫高窟北周第 290 窟窟顶人字披所绘《佛传》故事画便形象描绘了有关内容（图 78 ）。其中还有与我国抛绣球择婚类似的活动，说是太子抛掷珠串，直落裘夷身上，将求婚过程推向高潮。由此亦可看到佛教对婚姻形式的注重。另外，佛经还记载了护佛神天龙八部中的帝释天、阿修罗因婚姻矛盾大战的故事，亦被佛教界长期传为佳话。

3. 如何对待具体的家庭关系。具体的家庭关系可以分为夫妇关系、父母子女关系、兄弟关系、亲属关系等，而由这些关系必然会引申出与此相关的一系列道德规范问题。佛教没有回避这些问题，并有其自己的一套主张。

夫妇关系。佛教清楚地懂得不能脱离现实去处理具体问题，因此针对夫妇关系，一方面要求女方对男方有如仆事主的屈从，另一方面也要求男方对女方有一定的义务和责任。《佛说尸迦罗越六方礼经》说："妇事夫当有五事。一者夫从外来，当起迎之；二者夫出不在，当炊蒸扫除待之；三者不得有淫心于外夫，骂言不得还骂作色；四者……所有什物不得藏匿；五者夫休息，盖藏乃得卧。”也有认为妇当以十四事事于夫的，其增加了“晨起”、“夜息”、“先起”、“后坐”等条目。对丈夫的要求为：“夫视妇亦有五事，一者出入当敬于妇；二者饭食之，以时节与衣被；三者当给与金银珠玑；四者家中所有多少悉用付之；五者不得于外畜传御。”

父母子女关系。许多研究佛教者认为，佛教的孝道思想是中国佛教徒杜撰加上的，并认为许多载有孝道思想的佛经是伪经。这其实是仅凭少许材料而作出的主观臆断，或者是根本未读过佛经而借用他人材料、观点的以讹传讹。佛经中关于孝道的论述实际甚多，有所谓“四恩”、“五逆”的概念。《大乘本生心地观经》谓：“恩有四种，一父母恩，二众生恩，三国王恩，四三宝恩。”《大乘义章》卷7云：“言五逆者，谓杀父、杀母、杀阿罗汉、出佛身血、破和合僧。”四恩之第一恩便是父母恩；五逆之第一逆便是杀父，第二逆为杀母。

同对待夫妇关系一样，佛教对父母和儿女双方也各有具体的要求。《佛说尸迦罗越六方礼经》道：“子事父母，当有五事:一者当念治生；二者早起勑令奴婢，时作饭食；三者不益父母忧；四者当念父母恩；五者父母疾病，当恐惧求医师治之。父母视子，亦有五事：一者当念令去恶就善；二者当教计书疏；三者当教持经戒；四者当早与娶妇；五者家中所有当给与之。”

兄弟关系。早期佛教经典里，很少直接论述兄弟之间的关系，但从其他角度反映兄弟之间矛盾的内容却很多。例如《杂宝藏经》卷七《兄常劝弟奉修三宝弟不敬信兄得生天缘》在谈论信佛的好处时，援例说：“昔舍卫国，有兄弟二人。而第一者，奉修佛法。第二之者，事富兰那。兄常劝弟使事三宝，弟不随顺，恒共斗争，情不和合，各便分活。” 志趣的不同，导致思想上的隔阂，继而进一步导致经济关系的分裂——“分活”。家庭中的政治、经济矛盾由此可见一斑。

同辈嫉妒心是非常强烈的，《杂宝藏经》卷三《兄弟二人俱出家缘》对此作了深刻的揭露。它谈到曾有兄弟二人出家修道。道成，其弟先被一辅相聘为门师，颇受器重。不久，弟向辅相推荐其兄，不料其兄却受辅相倍加青睐。弟旋生嫉妒心，想尽千方百计害兄。这个故事颇像我国战国时期庞涓和孙膑的故事，只是一个谈的是兄弟相妒，另一个谈的是同学相妒。

由于政治、经济利益的相争，使兄弟之间的关系难以和谐，佛教为此而哀叹，并将其归为人生苦缘之一。如《佛说苦阴因事经》说："兄说妹非，妹说兄非……是今现苦阴。"《佛说释摩男本四子经》说："兄与弟争……是为三苦。"

亲属关系，或谓亲族关系。它是在家庭关系基础上的进一步展开；它和家庭关系有着一种很难分开的联系。其原因就在于都是以婚姻和血缘关系为基础的社会生活组织形式。在生产力比较低下的历史阶段，人们需要更多的相互协作，故特别注重亲属关系。佛教对此有比较深刻的认识。《佛说尸迦罗越六方礼经》说："人视亲属朋友。当有五事。一者见之作罪恶。私往于屏处。谏晓呵止之。二者小有急。当奔趣救护之。三者有私语。不得为他人说。四者当相敬难。五者所有好物。当多少分与之。"总之，佛教对亲属关系的认识和要求说明了在一定历史阶段，必须"以群的联合力量和集体行动来弥补个人自卫能力的不足"[①]。

4. 两大眷属的概念及其意义。据佛经说，释迦牟尼有两大批眷属，一批为内眷属，一批为大眷属。所谓内眷属，是指释迦牟尼未出家前的第一夫人裘夷、第二夫人耶惟檀、第三夫人鹿野以及宫中诸彩女和他最亲近的侍从车匿等人；亦指释迦牟尼出家后的最亲近侍从阿难、密踪力士等人。而所谓大眷属，则指释迦牟尼的门徒舍利弗、目犍连等弟子和部属弥勒、文殊等菩萨。

内眷属和大眷属概念的出现，是佛教的需要，也是社会发展的

①恩格斯：《家庭、私有制和国家的起源》。

产物。因为“在生产、交换和消费发展的一定阶段上，就会有一定的……家庭”[①]。释迦成道以及创建佛教，与印度社会当时的生产关系、阶段矛盾有关；有许多人追随释迦，是为了一定的政治、经济利益，和生产、交换、消费有关。释迦及其追随者为了共同的利益，抛弃了原有的家庭；但又鉴于新情况的需要，构成了一种新的、特殊的家庭——以极少数心腹为内眷属，以许多组织骨干为大眷属的一种以政治、经济关系为基础的社会生活组织形式。但是，“剪不断，理还乱”，在现实社会里，每一个人，不论是不是佛教徒，都无法割断自己与那成为旧家庭基础的婚姻、血缘关系之间的联系。于是佛教便通过内眷属概念以及其他途径承认、肯定佛教徒与世俗家庭的血缘关系，这也就为在家佛教徒和一般世俗人保持旧家庭形式提供了依据。

①《马克思恩格斯全集》：第27卷。

从现实意义上看，鼓励一部分佛教徒出家，建立无血缘关系的新家庭（一个寺院就等于一个大家庭），对建设、巩固一种政治集团（佛教实际上是一种政治集团）有其重要的意义；而承认和鼓励一部分佛教徒在家，保持以血缘关系为基础的旧家庭，则不仅解决了人类延续后代的问题，同时也争取了更多人对佛教的支持。例如拥有妻妾的维摩诘居士既为中国士大夫阶层视为楷模，又为佛教界所容忍并高度肯定。又如佛教一方面鼓励人们出家为僧，一方面又鼓励人们向观音乞求生儿育女等等。这些看来矛盾的现象，其理论依据实际出自“两大眷属”的概念。

由此我们可以看出：佛教的家庭观念既有其理想性，也有其现实性，更有其社会的广泛性。

（四）孝亲、忠君、善恶有报的思想

北周时期还出现了一个完全以“孝道”为主题、与中国本土传统伦理思想吻合的故事画，即著名的《睒子本生》。特别值得注意的是，该题材在北周时期的第299、301、438、461窟四个洞窟中

图 79 北周第 299 窟窟顶北披睒子本生(局部)

同时出现，可见其受欢迎之程度（图 79）。

据佛经说，迦夷国有一对盲人夫妇，生一儿子取名睒子。睒子自幼便“至孝仁慈奉行十善”，“奉事父母如人事天”。睒子成年后随父母进深山修道，结草庐而居，采野果汲流水以供饮食。睒子“以蒲草为父母作屋施置床褥，不寒不热恒得其宜”，父母饥饿时，便去摘“取百种果蓏”，父母口渴时，便身“着鹿皮衣提瓶行取水”。睒子还常常与“獐鹿众鸟”一起嬉戏歌唱，“以娱乐盲父母”。但有一天，迦夷国王进山狩猎，追赶鹿群至溪边，正遇睒子披着鹿皮衣在溪边汲水，国王拔箭射鹿，误中睒子。睒子大呼：“谁持一毒箭射杀三道人？”国王闻声，立即下马来到睒子面前。看见自己射的是人，又听睒子讲述了与父母在山中修行二十余年的经过，国王更是悔恨自责。睒子原谅国王，但说自己身命虽然不足惜，只是死后留下衰老且双目失明的父母无人照顾，甚是放心不下。国王长跪向睒子悔过，并说如果睒子命终，自己便不再还国，一定留在山中供养睒子的盲父母。睒子听国王话之后，释然闭目。国王随即入山向盲父母报告睒子被射之事，并引双亲到睒子处。盲父母见睒子已死，伏尸恸哭，痛不欲生。由于睒子孝顺父母，感动天地，天神来到睒子跟前，以神药灌入睒子口中，顷刻之间，毒箭自拔，睒子复活。同时，盲父母的眼前也呈现一片光明。显然，是睒子的至孝，国王的仁爱，感动了上天，让睒子重生，父母复明。自此以后，迦夷国人“悉奉五戒修行十善”，该地区也风调雨顺，国富民安，昌盛太平。

不仅敦煌石窟的北周时期绘有不少《睒子本生》故事画，新疆克孜尔石窟、天水麦积山石窟、云冈石窟等地区北朝时期也绘刻有不少《睒子本生》故事画。《睒子本生》之所以在这一时期大量出现，是佛教为了协调与本土统治者的关系，争取广大民众的支持，就从佛经中选择具有忠君孝道内容的故事，绘制、镌刻在佛教石窟中，大力宣扬，借此证明佛教也是主张忠君孝道的。佛经中，有关睒子的故事显然最具忠君孝道思想。

莫高窟北周第296窟的窟主与画家，在该窟里描绘了主题为“忠孝”和“善恶”的两幅佛教故事画，尽可能地和本土民族伦理观念相结合。

宣传“忠孝”思想的故事画，是位于北壁下方的《须阇提本生》。据佛经说，特叉尸利国王有十个儿子，各领一小国。时有一大臣罗睺突然谋反，杀死国王，自立为王，并派兵消灭各小国王子。国王最小的儿子名叫善住，在最边远的小国为王。一日夜里，药叉神突然出现，告诉他老国王及其他九位哥哥的死讯和罗睺已发兵前来的消息。善住国王闻讯后惊恐万状，匆忙准备了七日干粮，携带妻儿，趁夜仓皇逾城，欲逃往邻国，借兵平乱。慌乱中误入需走十四天的道路，缺粮七日。中途粮尽，陷入绝境。善住为了复国报仇，欲杀王妃充饥以保全自己和小太子须阇提的生命。太子须阇提见父王拔剑，便哀求父王：“勿杀我母，愿以己肉，供大家充饥。”于是，每日在身上割肉三块，奉献父母两份，自己食一份，继续往邻国逃亡。后来，邻国听说太子割肉奉亲，孝慈忠义，十分感动，便派兵马护送善住国王及妻儿返国，诛灭反叛；臣民拥戴须阇提太子为王。

宣传“善恶”思想的故事画，是位于窟顶西披南段和南披、东

图80 北周296窟窟顶南披　善事太子入海品·杀牛

披的《善事太子入海品》（图 80）。据佛经说，波罗奈国国王有两个儿子，一个叫善事，一个叫恶事。兄弟二人虽为同胞手足，但秉性悬殊，善事温顺仁慈，恶事狡诈残忍。一天，善事出游，见穷人、病人心生怜悯，又见民众劳苦，众生相残，于是生慈悯之心，便求父王将王宫财物，布施百姓。不久国库将空，善事听说海底有摩尼宝珠，能变出人们所需之物，于是决定入海向龙王求此宝珠。恶事闻说要求同行，二人便率领五百人分乘两条船前往大海深处寻宝。历经艰辛，到达金山、银山，恶事贪财且不愿吃苦，掘金挖银装满大船后，便与善事分手返航。善事坚持前进，终于到达龙宫，龙王钦佩善事的救世热情和坚忍不拔的精神，不仅赠送摩尼宝珠，还派部下将善事送回海岸。在岸边，善事遇到因贪婪超重，导致船破宝沉，只身一人侥幸活下来的恶事。恶事闻悉善事取得宝珠，心生嫉妒，趁善事熟睡时，用毒刺刺瞎善事的双眼，夺走宝珠。后遇一牧牛人赶牛经过，牛用舌头舔出善事眼中毒刺。善事随牧牛人流落异国他乡，因眼睛已盲，便请牧牛人为他做了一把琴，然后独自弹琴乞食为生。后帮助看管国王的果园，拉铃赶鸟，树下弹琴自娱自乐。有一天，公主入园游玩，遇善事一见钟情，结为夫妇。二人表爱心互相发誓，善事因此双眼复明。白雁传书，波罗奈国国王获知善事被恶事残害夺宝的真相，将恶事关进监狱。善事携妻回到故国，求父母宽恕恶事，找回隐藏的宝珠，焚香供奉，为人民企求所需各种物品。从此，波罗奈国繁荣富强，人民丰衣足食。

善有善报，恶有恶报，这是佛教所宣传的因果报应思想。但第296窟两个故事中宣传的割肉奉亲、孝慈复国，以及对善事的同情、褒扬，对恶事的谴责、鄙弃，显然符合本土传统文化中有关忠孝和善恶的伦理思想。入乡随俗，择有利而行之。世异则事异，事异则备变。变则通，不变则休矣。

（五）多元化、多层次的理想人格

前面谈到，人们创建和信仰佛教是出于避苦求乐思想，而基于这种思想人们又设计（幻想）了各类佛国社会。我们知道，所谓社会理想，主要是指一定时代一定阶级的政治理想，“它包含着对社会制度和政治结构的性质和特征的要求和设想，……包含着对一定的理想人格的选择标准。”[①]

那么，所谓佛国社会的理想人格究竟是什么，是否也包含着一定的选择标准呢？同佛教的社会理想一样，由于历史背景的不同，其理想人格也相应不同。例如小乘佛教与大乘佛教的理想人格便有所区别。小乘佛教是以能断尽烦恼、自我解脱的阿罗汉为理想人格，大乘佛教则以既追求自我解脱，同时发誓“救度一切众生”的菩萨为主要理想人格。但不管是小乘还是大乘，所设计的理想人格都有一个共同特点，就是具有适应人们需要的多层次的选择标准。

以早期佛教而论，小乘努力追求的阿罗汉果位，便必须经过四个层次：断除了见惑的叫做须陀洹果（初果），即第一层次；进而断除了欲界九地思惑中前六品的叫做斯陀含果（二果），即第二层次；断尽欲界所有思惑的叫做阿那含果（三果），即第三层次；见惑思惑都已断尽，证得涅槃，应受人天供养的才叫做阿罗汉果

① 罗国杰：《马克思主义伦理学》，人民出版社，1982年版，第439页。

(四果)，即第四层次，也是最高层次。其中获得初果者谓作须陀洹圣者，获得二果者谓作斯陀含圣者，获得三果、四果者如是。这有点像国外企业管理中颇有效的“一分钟目标”、“一分钟称赞”之类，给人们设立一个个渐进有序并可能达到的目标，并分阶段地及时给予必要的肯定，以诱导人们为获得阿罗汉果位而不懈地努力。

大乘佛教的前身大众部，主要以既追求自我解脱，又努力济度众生的菩萨为理想人格，同时将上述阿罗汉列为较低层次，又将佛陀列为更高层次。在这阿罗汉、菩萨、佛陀三大层次里，还有一些小的层次，如阿罗汉仍包含原有的四个层次，由此佛教的理想人格的层次更为丰富。

大乘佛教初期，曾特别强调菩萨这一理想人格，例如敦煌第158窟壁画《涅槃经变》中，菩萨形象肃穆、端庄，神气中表现对尘世的超脱、鄙弃，罗汉却沉痛哀伤，对尘世甚为留念，以证罗汉的修行低于菩萨（图81）。这时候，佛教的理想人格主要为菩萨，而菩萨的层次乍看上去，似乎只有一个：只要能将自己和一切众生从苦恼、愚痴中解脱出来，得到所谓究竟安乐、彻底觉悟的人，都叫做菩萨。但是在这个简单的定义里面，却包含着甚为复杂、丰富的层次。例如《大智度论》云：“诸菩萨二种，若出家若在家。在家菩萨总说在优婆塞优婆夷中，出家菩萨总说在比丘比丘尼中。”明确指出菩萨有两种，一为居家菩萨，二为出家菩萨。

图81 中唐第158窟北壁 各国王子举哀图

如果说”居家”与“出家”是一低一高的两个层次，那我们是不能将它们冠之以“复杂”、“丰富”的。妙就妙在这是两个大致并列的层次，不管出家菩萨，还是居家菩萨，各自都有“阳春白雪”和“下里巴人”。严格地说，这是两个多元化的概念，具有非常重要的意义。具体地说，上层僧侣和上层居士的地位是平等并列的；下层僧侣和下层居士的地位，一般说来前者略高于后者。关于上层居士的地位，稍有一点佛教常识的人便知道，佛典中有一部影响极大的《维摩诘经》，里面塑造、宣传的“居家菩萨”维摩诘这一人物，敦煌莫高窟初唐第220窟亦有其生动的形象描绘，其也是中国士大夫们竭力推崇、效仿的理想人格，如唐代诗人王维，不仅言行以维摩诘为楷模，甚至还将自己的字也谓之“摩诘”。居家菩萨维摩诘的影响，圣严法师曾评述道：“维摩居士，虽处于尘世，却越超于世俗之上，发挥了伟大人格的力量，乃是菩萨身份的典型。他现身说法，振作了在家信者的意志。”[①]从这里可以得知“居家菩萨”这一理想人格的出现，在佛教伦理思想史上具有非常重要的意义。至于“出家菩萨”的意义，主要在于继续鼓励、引导一部分人出家为僧；整个佛教是由佛、法、僧三个部分构成的，而巩固、发展佛教僧侣队伍也是非常重要的。“居家菩萨”和“出家菩萨”里面还有许多小的层次，此处不再述评。

① 圣严法师：《印度佛教史》，福建莆田广化寺印，第158页。

一般而论，佛教的最高理想人格是佛陀。佛陀的意义是“觉者”或“智者”，主要有三种含义：①正觉（对一切事物的性状、本质，都无增无减地、如实地觉悟了）；②等觉或遍觉（不仅自己觉悟，而且平等普遍地帮助别人也觉悟）；③圆觉或无上觉（自己觉悟和帮助别人觉悟的智慧和功行都已达到最高的、最圆满的境地）。事实上，作为最高理想人格的佛陀并不是高不可攀、可望而不可即的偶像。《法华经》强调不仅菩萨可以并应该追求成佛，而且阿罗汉乃至人人也可以并应该追求成佛。在敦煌第285窟壁画中有一幅《五百强盗成佛图》，便描绘了五百“强盗”被官兵抓捕、剜眼后，大念“南无释迦牟尼佛，阿褥多罗三藐三菩提心”，

图 82 西魏第 285 窟南壁 五百强盗成佛(局部)

然后出家修行成佛的故事，即所谓“一切众生，皆有佛性，有佛性者，皆得成佛”（图 82）。佛教的理想人格与现实紧密相连，正如太虚大师说的：“仰止唯佛陀，完成在人格，人成即佛成，是名真现实。”

概而言之，对佛教理想人格的层次性要从两方面理解。其一，佛教各个时期的理想人格本身具有层次性，如佛教初期小乘的由须陀洹初果到阿罗汉四果，大众部的阿罗汉、菩萨、佛陀三种果位论，佛教中、晚期大乘将菩萨分为居家菩萨和出家菩萨，等等；其二，从佛教史总的进程来看，由初期的阿罗汉，到中期的菩萨和后期的佛陀，有阶段性地根据社会发展的需要而突出强调某种理想人格，这种阶段性实质上也是一种层次性。在此，我们可以把某一时期的不同层次谓作横的层次，而把阶段性的层次谓作纵的层次。

佛教理想人格的多元化和多层次性，对于佛教的发展有着极其重要的意义。可以断言，如果没有这横与纵的多元化和多层次性的理想人格，佛教绝不可能长期地发展，和长时期地拥有那么多信众。

佛教理想人格的多元化和多层次性，具有非常科学的合理性和现实性，很值得我们今天研究和处理现代社会中人与人的关系时借鉴和参考。

第三章

叹览藏经洞文物

藏经洞的封闭和发现

藏经洞是敦煌莫高窟第17窟的俗称，该窟因曾发现数以万计的古代文书和美术品等文物而得名。藏经洞出土文物与甲骨文、汉简、明清档案，被誉为近代古文献的四大发现，其学术价值于此可见。藏经洞出土文物已成为敦煌学的重要组成部分之一。

一、藏经洞原是洪䛒影窟

藏经洞是附属于第16窟的小窟，位于16窟甬道北侧壁内。此窟为覆斗顶，在窟靠北壁地面上有一长方形禅床式低坛，上端坐一身彩塑高僧像，像后两侧壁上分画执杖近侍女和擎扇比丘尼，西壁北侧嵌一石碑，碑文分别为：洪䛒告身、敕牒诏书和敕赐衣物录本。

据碑文记载，洪䛒俗姓吴，在吐蕃时期和张议潮收复河西之后，在宗教上和政治上起过重要作用，受到唐王朝的恩宠和褒奖，被封为京城内外临坛大德、赐紫衣、充河西释门都僧统摄沙州法律三学教主。洪䛒去世后，其弟子在该窟内安置洪䛒真容塑像立碑，成为纪念洪䛒和尚的影窟。

二、藏经洞的封闭之谜

洪䛒影窟何时被封闭成为藏经洞，因无可信的文字记载，其封闭时间和原因，就成为一桩历史悬案。人们凭借各种旁证，提出各种推测，试图解开封闭之谜。主要的观点有如下几种：

1. 宋初避西夏之乱说。此说者据藏经洞中写本纪年最晚的为宋太平兴国和至道（976年—997年），又不见西夏文写本，因而提出是畏西夏侵扰而藏入。此说影响较大，附会其说者甚多。

2. 宋皇祐之后说。此说者以历史文献记载为旁证，认为封闭时间在北宋皇祐（1054年）以后。

3. 宋绍圣说。此说者认为藏经洞的封闭与宋绍圣（1094—1098 年）中信仰伊斯兰教的哈拉汗王朝准备东击西夏有关。

4. 曹氏封闭说。此说者以敦煌遗书纪年最晚者是宋咸平五年（1002 年）和对第 16 窟甬道壁画重绘时间的比较研究，认为其封闭当在宋咸平年间和稍后年代。

此外，还有元初说、元明之际说等，因与事实相去甚远，纯为臆断，故鲜有附和其说者。

在藏经洞封闭原因上，除上述避难说之外，还有废弃说和书库改造说。废弃说者以藏经洞所藏多为残卷断篇、过时作废文书，而无整部大藏和珍贵物品为据，认为所藏物对当时僧侣大众来说已失去实用价值，故而废弃，并提出废弃的理由。书库改造说者认为，大约在公元 1000 年，折叶式的刊本卷经流行，故将原来使用不便的卷轴式经卷等一并封入石窟。

图 83 王圆箓（1849—1931）

上述有关藏经洞的封闭时间和原因的研究，众说纷纭，莫衷一是，迄今仍无定论，更有待进一步挖掘旁证资料，解开藏经洞封闭之谜。

三、藏经洞的发现

藏经洞发现至今，已有百余年，其发现者是王圆箓道士（图 83），但其发现的时间也有两种说法，两者相差只一年，稍有歧异。

一说藏经洞发现于清光绪二十五年（1899 年），此说源于王道士的徒子徒孙在王道士去世后百日（1931 年）所立《太清宫大方丈道会司王法师真墓志》，立碑时已距藏经洞发现之时30余年，似有所据，但未必准确。

目前为大家所公认的是清光绪二十六年（庚子年，1900年）发现说。此说最早见于叶昌炽《缘督庐日记》，所记事之年距发现藏经洞仅隔3年。

第16窟甬道南壁清光绪三十二年（1906年）所立《重修千佛洞三层楼功德碑记》上载王圆禄发现藏经洞在"庚子孟夏"。王道士参与三层楼修建之事，所说可能源于王道士之口，故可凭信。

庚子发现说，还见于王道士《催募经款草册》，此件今存敦煌研究院。其中对藏经洞的发现时间，明确记载为清光绪二十六年五月二十六日。此件不出自王道士之手，亦应是其口授。《草册》中所记："忽有天炮响震，忽然山裂一缝，贫道同工人用锄挖之，欣出闪佛洞壹所，……内藏古经数万卷。"所说或有故弄玄虚之嫌，如果说藏经洞是在清理第16窟甬道积沙过程中偶然发现的，当是切近事实的推测。

藏经洞文物的散失

藏经洞文物发现后，王圆箓道士并没有认识到这批文物的珍贵价值，而是将它作为巴结交识官吏的赠物礼品。当时的敦煌县令汪宗翰，甘肃学政叶昌炽，甘新总督长庚等人均藏有敦煌遗物。叶昌炽曾建议藩台衙门将此项文物运往省垣保存，但终因运费昂贵无力负担，乃于光绪三十年（1904年）四月，令汪宗翰"检点经卷画像"再次封存。

19世纪末西方各国的探险队、考察队陆续前来我国西北部考察发掘，形成一股"探宝热"。当他们得知敦煌藏经洞文物出土的

图 84 斯坦因（1862—1943）

消息后，纷至沓来，掠夺敦煌宝藏。

首先来到敦煌的是俄国的奥布鲁切夫，于1905年在黑城盗掘大批文物后来到敦煌，以低廉的代价，骗取到手写本两大包，卷数不详。

图 85 伯希和（1878—1945）

其次是英籍匈牙利人斯坦因（图 84），于 1907 年来到敦煌，以金钱诱惑，并把自己装扮成玄奘的崇拜者，从王道士手中购得神幡绘画等艺术品 5 大箱，经卷文书 24 箱，运回伦敦，现收藏在大英博物馆和印度新德里博物馆。

图 86 伯希和在藏经洞翻检文物

继斯坦因后尘接踵而来的是法国人伯希和（图 85），他是一位学识渊博的汉学家。他于 1908 年来到敦煌，凭借其深厚的汉学基础和丰富的考古知识，用 3 个星期的时间将洞窟中所有文物通检一遍，取其菁华约 6600 卷文书和部分美术品，运回法国（图 86）。其中写本文书现收藏在法国国家图书馆，美术品等收藏在吉美博物馆。

1909 年，伯希和来到北京，得知清朝学部正筹建京师图书馆，为“物色各种古籍，以保存国粹”而四处奔走。他为了向中国学者炫耀其所获敦煌遗书，便以携带的部分敦煌写本在六国饭店展出。中国学者罗振玉、董康、蒋斧等人参观后，“惊喜欲狂，如在梦寐”，并得知尚有部分劫余，便以学部的名义致电甘肃政府封存藏经洞内劫余古物，严禁外运。宣统二年（1910 年）北京学部咨甘肃学台，将洞中残卷悉数运京，但在起运前王道士转移藏匿了许多文书。在运京途中被各地官吏窃劫，遗失无数。进京后又遭何震彝、李盛铎等人藏掖、偷盗，将经卷中精好者悉数窃取，而将余卷一折为二，以充其数。当移交京师图书馆时共为 18 箱，后经整理编号计有 8697 号。

图 87 华尔纳（1881—1955）

藏经洞劫余文物运京后，1912 年和 1914 年，王道士又将手中藏掖的部分文书和其他文物分别卖给了日本大谷探险队的橘瑞超、吉川小一郎和俄国的鄂登堡等人。

姗姗来迟的美国人华尔纳（图 87），于 1923 年来到敦煌，此时藏经洞已是空无一物，华尔纳便把目标转向石窟壁画，用特制的胶布在洞中共剥取 26 块壁画，并把第 328 窟内一尊精美的唐代菩萨塑像掠去，现藏于哈佛大学福格博物馆（图 88）。

图 88 华尔纳盗掠的第 328 窟供养菩萨像

敦煌藏经洞文物自发现之日起就历经磨难，惨遭劫夺，正如我国爱国学者陈寅恪先生所感慨的那样：“敦煌者，吾国学术之伤心史也。”

藏经洞出土文物收藏情况

藏经洞文物发现伊始就遭到了西方列强的劫掠，大部分文物随着西方列强探险队的“光辉业绩”而流落海外，小部分劫掠余留在国内。这些敦煌藏经洞文物分藏于英、法、俄、日、美、印度、丹麦和中国等国家。

一、英国

斯坦因所劫掠的敦煌藏经洞文物，汉文书卷部分，藏于大英博物馆东方印本与写本部；古藏文和其他一些中亚古民族文字的写卷，藏于英国印度事务部图书馆，大英博物馆亦另藏有部分藏文写卷。1973 年，东方印本和写本部分立为英国图书馆东方部，这一部分敦煌写卷随之入藏该部。绘画和刺绣等美术工艺品，则分别收藏在大英博物馆和印度新德里博物馆。

斯坦因所劫汉文部分，1954 年大英博物馆将所藏敦煌写本制成缩微胶卷发行，共收录了 6980 卷号；1957 年英国出版翟理斯整理编目的《大英博物馆藏敦煌汉文写本注记目录》，其中共收录 8102 卷号，但没有完全反映英藏汉文写卷情况。80 年代起，英国图书馆东方部又就馆藏敦煌汉文文献馆藏编号，已为 11712 号，加上尚未编号待修复的部分碎片，总数在 12000 件左右。

藏于英国印度事务部图书馆的古藏文和其他中亚古民族文字的写卷，据编目载，有古藏文文书 765 件，汉文文书 136 件和于阗文文书 57 件。此外，英国牛津大学图书馆、英国皇家亚洲协会，也有少量古藏文写卷收藏。

斯坦因所劫美术品和工艺品，包括绢画、麻布画、纸画、刺绣、丝织品等，共有 536 件。这 536 件当中，282 件藏于大英博物馆，254 件藏于印度新德里博物馆。

二、法国

伯希和所劫敦煌写卷主要收藏在巴黎国家图书馆东方部，绘画和刺绣等美术工艺品，藏于吉美博物馆。

伯希和所劫的汉文和其他中亚古民族文字写卷总数约为2800件，其中有33件回鹘文写卷，13件梵文写卷和为数不多的于阗文写卷，古藏文写卷总数为2700件左右。

藏于吉美博物馆的美术品，据《敦煌绢幡绘画目录》，共收藏有220件，此外还有21件木雕美术品。

三、苏联（俄罗斯）

苏联收藏的敦煌文献，学界了解较晚。20世纪30年代，苏联东方学研究所的弗鲁格，曾编了两个反映少量写卷的目录，刊登在《东方学目录》上。60年代，苏联开始系统整理敦煌文献，并出版了孟列夫编著的《亚洲民族研究所藏敦煌汉文写本注记目录》一、二册，共收录敦煌文献2954件，约为苏联所藏三分之一。据吴其昱《列宁格勒所藏敦煌写本概况》一文介绍，苏联所藏敦煌文献共11375件。主要以佛教文献居多，而且大部分是碎片。

四、日本

日本收藏敦煌文献主要有两个来源，一是大谷光瑞探险队成员橘瑞超和吉川小一郎在敦煌所劫，一是购自中国的社会流散卷子。橘瑞超所劫总数为660余件，以后由大谷光瑞转移至旅顺原关东厅博物馆而返至中国，现分藏旅顺和北京图书馆。吉川小一郎所劫敦煌写卷，据称在百余件左右，其现藏何处不明。日本有藏购自中国的敦煌写卷，主要收藏在大谷大学、龙谷大学、西本愿寺、中村书道博物馆、京都有邻馆、京都博物馆、国会图书馆、天理图书馆、东京博物馆、宁乐美术馆、大东急纪念馆、静嘉堂文库、三井文库等处及一些私家手里。据统计大谷大学图书馆藏44件；龙谷大学图书馆藏7件，中村书道博物馆藏143件；京都有邻馆藏58件，三井文库藏100余件，此外日本诸私家所藏和未详所藏敦煌写卷约有285件。日本所藏总数有近600件。

五、美国

美国所藏敦煌写卷较少，约为20余件。其中华盛顿国会图书馆8件；纽约大都会艺术博物馆3件；芝加哥大学远东图书馆3件；芝加哥自然史博物馆1件；哥伦比亚大学图书馆1件；福格艺术博物馆2件；普林斯顿大学图书馆3件。

六、丹麦

丹麦哥本哈根皇家图书馆所藏敦煌写本共14件。是丹麦商人索雷森于1915年初由上海到敦煌旅行时购得，捐献给皇家图书馆。

七、中国

藏经洞劫余的写卷，运往北京由清学部接收，1910年被入藏京师图书馆。1922年出版由陈垣整理编著的《敦煌劫余录》，依千字文顺序编排整理出8697件号。1929年，由胡鸣盛、许国霖从未登记的残卷中又整理出1192件的“残卷目录”。1981年，北京图书馆又从征集收购中得到的共约1500余卷敦煌写卷中，挑选出1065件，编成《敦煌劫余录续编》。由此可知，现藏于北京图书馆的敦煌文献约有11000余卷。

此外，我国其他博物馆和图书馆等单位也收藏有部分敦煌文献。从目前已刊布的收藏目录看，有甘肃省图书馆所藏100余件，甘肃省博物馆藏137件；敦煌研究院藏700余件（目录刊布计367件，其中67件为莫高窟中寺后园土地庙清代残塑像中发现）；敦煌博物馆藏78件；西北师大历史系藏13件；上海图书馆藏182件；天津艺术博物馆所藏300余件（目录刊布197件）；北京大学图书馆藏100余件。另外，在南京、合肥、济南、沈阳、旅顺、乌鲁木齐、酒泉、张掖、武威、西宁、成都等地也有零星收藏。

我国台湾收藏的敦煌文献，藏于台湾台北中央图书馆计有 147 件；台湾历史博物馆计有 200 余件；台湾中央研究院历史语言研究所和台湾、香港的一些私家收藏者也有数十件。

除上述汉文写卷收藏情况外，在敦煌博物馆、甘肃省图书馆、敦煌研究院、酒泉文化馆、张掖文化馆、武威文化馆等单位，还分别藏有一批出自于敦煌藏经洞的藏文写卷。这批写卷当年伯希和选检时已见之，谓十一大夹板之外，尚有许多，总重量目测在 500 公斤左右。1920 年敦煌县清单上称共计 94 捆，十一大夹板，重量折合 2149 斤。据统计，敦煌博物馆藏箧页 8780 页，写卷 226 卷；敦煌研究院藏箧页 42 页，写卷 43 卷；酒泉藏写卷 19 卷；张掖藏写卷一卷；武威藏箧页 7 页，木简 6 枚；甘肃省图书馆藏箧页 1117 页，写卷 30 卷。总计箧页 9946 页，写卷 317 卷，木简 6 枚。

综上所述，可知敦煌藏经洞出土文物多达 5 万件以上。

藏经洞出土文献

藏经洞文物的发现，为学术界研究敦煌提供了多方面的极其珍贵的文献资料，受到国内外学术界的高度重视和大力研究。这批数量多达五万余件的古代写本和刻本等，始自晋代，扩于六朝，盛于隋唐，终于五代宋初，历时六七个世纪。其内容涉及社会生活的各个方面，对于研究我国魏晋至唐宋时代的社会、经济、宗教、文化历史都具有重要的学术价值。

一、佛教文献

藏经洞出土文献中，以佛教文献最为丰富，约占总数的百分之九十左右。从写本纪年题记看，敦煌佛教文献最早的是前秦甘露元年（359 年）的《譬喻经》（散 746 号），最晚的是宋咸平五年

(1002 年）的《大般若波罗蜜多经》(Φ–32a/1696)，延续 7 个世纪。

敦煌佛教文献的来源主要有两个方面，一是外地流通而来，中原的帝王将相、世家豪族，不乏崇信佛教者，他们常以写经为功德，分送全国各大寺供养。归义军政权每当向中原王朝进贡时，附带“请经”，朝廷的回赐中就有佛经。另外，求法的僧侣，往来的客商军旅也或多或少地带来并留下一些佛经。二是本地的译经、疏释、著录和刻写本。敦煌从北魏开始就有专门的“写经生”，替施主抄写佛经为生。敦煌为佛教圣地，有本地佛教大师的译经，僧众习用的佛经和注疏，讲法的讲本和听法的笔记，以及大量的寺院文书和民间信仰文书等。从众多的写经题记上所记载的写经地区和寺庙看，敦煌和河西是佛经的主要写区，尤其是敦煌本地。从寺庙上看，敦煌 18 所僧寺和 6 所尼寺中，以龙兴寺、灵图寺、净土寺和三界寺所写最多。

敦煌佛教文献数量众多，内容庞杂，这些文献大致可以分为以下几类：

1. 经、律、论类：即佛教的“三藏”。敦煌写经中数量最多的是隋唐时代流行最广泛的 6 部经，即《大般若波罗蜜多经》《金刚般若波罗蜜经》《金光明最胜王经》《妙法莲华经》《维摩诘经》《观世音经》，总数约有 1 万多卷。除此 6 经外，其他经律论的品种，有近 400 余种。这些经论，不仅有大量见于《开元录》和《贞元续开元录》著录入藏的佛教典籍，而且还有数量众多的藏外佚经，即大藏经中未收的经典。这是因为一些佛经从域外传入并被译成汉文，其中有些经典在前代经录上均有记载，但《开元录》编纂时未能见到，不知它们是否还存在，所以没有收入大藏，后代因袭《开元录》亦均不收。另外，一些活动于敦煌的高僧的译经，如吐蕃时期的法成，他的译经，由于种种原因，未能传到中原，当然也就不会收入藏经。尤其珍贵的是部分写经有前序或后记，这些题记真实地记录了写经的时间、地点和抄写者，有的还记述了经典的翻译流传过程，在佛典研究上具有重要的价值（图 89）。

2. 别藏类：即中国人撰著的佛教典籍。传统的大藏经把中国佛教撰著排斥在外，中国僧人结集佛教撰著的主要形式是编纂别藏。敦煌佛教文献中有大量中国佛撰著，它包括经律论的疏释、法苑法集、史传、礼忏赞颂、佛教诸宗派著述、目录音义、释氏杂文等内容，是研究中国佛教史的珍贵资料。

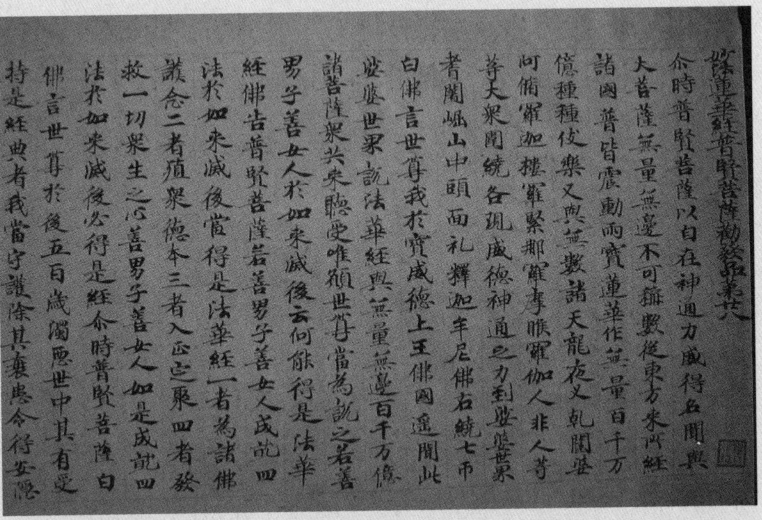
妙法蓮華經普賢菩薩勸發品第廿八
尒時普賢菩薩以自在神通力威德名聞與
大菩薩無量無邊不可稱數從東方來所經
諸國普皆震動雨寶蓮華作無量百千万
億種種伎樂又與無數諸天龍夜叉乾闥婆
阿脩羅迦樓羅緊那羅摩睺羅伽人非人等
大衆圍繞各現威德神通之力到娑婆世界
耆闍崛山中頭面礼釋迦牟尼佛右繞七帀
白佛言世尊我於寶威德上王佛國遥聞此
娑婆世界說法華經與無量無邊百千万億
諸菩薩衆共來聽受唯願世尊當為說之若善
男子善女人於如來滅後云何能得是法華
經佛告普賢菩薩若善男子善女人成就四
法於如來滅後當得是法華經一者為諸佛
護念二者殖衆德本三者入正定聚四者發
救一切衆生之心善男子善女人如是成就四
法於如來滅後必得是經尒時普賢菩薩白
佛言世尊於後五百歲濁惡世中其有受
持是經典者我當守護除其衰患令得安隱

图 89 藏经洞出土写经　敦煌研究院藏 674 号

3. 疑伪经类：是指真伪未判的经典和中国人假托佛说而撰著的经典，为历代大藏经拒收。实际上，这些由中国人假托佛说编纂出来的佛经，代表了中国佛教的一个重要侧面，是研究中国佛教的重要资料，随着对敦煌疑伪经的深入研究，中国佛教研究亦会揭开新的篇章。

4. 寺院文书类：它是敦煌寺院各种活动的真实记录，它包括寺院宗教活动、寺院宗教史传、寺院佛典目录和与石窟营绘相关的文书等方面的资料。这些文书对研究敦煌地区佛教发展概况具有重大的意义。

5. 宣教通俗文书类：是寺院向僧俗人等宣传佛教以启导正信的一些通俗作品。它们的特点大抵是据佛经敷衍而成，它包括押座文、讲经文、讲因缘文、变文等。如《阿弥陀讲经文》《难陀出家缘起》《维摩诘经押座文》《降魔变文》《目连变文》等，是研究佛教民众化或民众化佛教的重要资料。

敦煌佛教文献在佛学研究上具有多方面的意义。王重民先生评价说："一是写本之古，足以校勘宋代以后开雕的各藏；二是古佚经、佚文之多，可以补足宋代以后各藏之不足；三是有一些佛教史料失传，佛教史上一些未解决的问题，只有利用了敦煌佛教史料以后，才获得解决。"

二、道教文献

敦煌所出道教文献共约有370余卷。道教在敦煌的流布，始于唐代。敦煌最早之道观是建于唐高宗乾封元年（666年）的灵图观，此外还有开元、神泉、冲虚等宫观。从总体上看，敦煌道教势力始终有限。敦煌所出的道教典籍，从纪年上看，最早的是隋大业八年（612年）的《老子变化经》（S.2295号），最晚的是唐至德二载（757年）的《道德经》（P.2729号）。这些道教典籍，纸精字美，品式考究，可称写本中之上品，但大都残缺不全，且背面多书有佛教内容。这些道教典籍，有属于灵宝经类的古灵宝经、道藏著录的灵宝经、《升玄内教经》《太玄真一本际经》等；洞真经类的古洞真经和道藏著录的洞真经等；道德经类的《道德经》和各种注疏；杂道经类的《洞渊神咒经》《太上妙法本相经》等；道教类书和失题道经等等。

敦煌道教文献，在道教研究及中国文化史上都有一定的价值。如《道德经》是敦煌遗书中的主要道教典籍，今本《道德经》二卷，以《道经》为上，《德经》为下。但在唐以前也有以《道经》为下，《德经》为上者，却不为人所习闻。敦煌本则明确题曰《道经下》或《老子道经下》《老子德经上》。1972年山东银雀山发现的帛书也是《德经》上、《道经》下。由此可知，以"德"、"道"为上下是战国以来就存在的，唐写本还保存了旧本。

敦煌《道德经》的注疏有河上公注、李荣注、想尔注、成玄英义疏和唐玄宗御注及疏等本。自魏晋以来，《道德经》有两种注本流传。一是王弼注本，以玄学家思想注解老子，影响最大，历代被当做老子注的标准本；另一是河上公注本，以道教徒从养生和修炼的角度注解老子，普为道徒所传诵。李唐一代大兴道教，《道德经》的道士化达到高潮，河上公注本成为道教的最大经典，风行一时。此外，《道德经》想尔注，则是亡逸不传的孤本。其注疏者题为“三天法师张道陵注”，以五斗米道教思想作注，倡长生之说，房中之术，“其道以道况天地，以天地况男女，阴阳之变化，五脏之营卫，皆用此道以说明之。盖上承古人房中之术，下启晋人养生之说”，是研究早期道德思想的重要资料。

三、摩尼教、景教文献

摩尼教是波斯人摩尼创于3世纪中叶的宗教，唐时传入中国。我国文献对摩尼教的记载甚少，敦煌所出摩尼教经典共有3种：《摩教残经》《摩尼光佛教法仪略》《下部赞》。

景教是基督教的一个支派“聂斯脱利派”。景教在唐代传入中国后，在社会上有相当大的影响，但文献记载殊少。明代天启五年（1625年）西安出土《大秦景教流行中国碑》，于该教传入之原始，才稍有所知。敦煌所出景教文献共7种：《大秦景教三威蒙度赞》《尊经》《志玄安乐经》《序听迷诗所经》《一神论》《大秦景教宣元本经》《大秦景教大圣通真归法赞》。这些经典，结合有关文献，可以考见唐代景教流行情况和景教教义，极大地丰富了景教研究的内容。

四、儒家典籍

敦煌所出儒家经籍，即传统所说的《诗》《书》《礼》《易》《春秋》《论语》等六经都有，多系六朝和唐写本，总数据统计有《周易》11件；《尚书》34件；《毛诗》28件；《礼记》12件；《左传》35件；《谷梁传》5件；《论语》54件；《孝经》31件；《尔雅》5件；合计213件。其中若干件可以缀合为一，故其实件数当不满200。自西汉董仲舒“罢黜百家、独尊儒术”以来，儒家经典成为学子必读之书，亦为国家取士选能的基本内容。佛教圣地的敦煌，也普遍传抄研读。敦煌所出的儒家典籍，《尚书》均为“隶古定”写本，所谓隶古定者，盖“以隶写擂”，“存古为可慕，以隶为可识”。至唐天宝改定古文《尚书》为今文，收旧本藏诸秘府，世间不复习诵，隶古定《尚书》遂亡逸不传。重要的有六朝写本《古文尚书》的“篇目”、“夏书”，初唐写本《古文尚书》的“尧典”、“禹贡”、“夏书”、“商书”、“顾命”等篇。《论语》以何晏《论语集解》和《论语皇侃疏》最有价值，都是宋代以后亡逸之书。《诗经》各写本，以郑玄注《毛诗古训传》和《毛诗音》，为人所重视。此外，还有《周易经典释文》《礼记音》《丧服仪》《春秋经传集解》《御注书经疏》《尔雅注》等。这些经典，所保存的古音、古注、古字、古义，在校勘、训诂、辑逸等方面，都关系非浅，极有价值。

五、文学资料

敦煌文献中蕴藏有丰富的文学资料，这些资料对研究当时社会经济情况和文学发展具有极其重要的价值。它除某些唐代诗歌专集、选集和文人诗篇外，还有大量来自民间的文学作品，主要有诗歌、变文、歌辞、话本小说、俗赋等文学样式，这些资料构成了敦煌文学。

1. 诗歌

敦煌文献中保留下来的诗歌数量很多，范围也很广泛。有古代选本《玉台新咏》等残卷，也有唐代的诗歌选集、诗集残卷，诸如《唐人选唐诗》《诗总集》《白香山诗集》《陈子昂集》《高适诗集》李峤的《杂咏》、刘邺的《甘棠集》等，以及残存的诗篇、诗句。这一类诗歌《全唐诗》已存十之八九，敦煌所出藏本都可供今本校勘之用。但是，这并不是唐代诗歌的全部，在敦煌藏本中发现的唐代诗歌，其中不少诗篇是《全唐诗》未收的；特别是流传民间，深受广大群众喜闻乐诵的通俗白话诗和敦煌人的作品，更加引人注目。

《全唐诗》未收的唐代诗人作品，有的是《全唐诗》有作者姓名，敦煌本所见诗篇未收，或者是《全唐诗》连作者姓名也未知的。王重民先生曾就敦煌本补订《全唐诗》的不足，共补出的诗凡97首，残者3首，附者4首，共104首。作者50人，31人见于《全唐诗》，19人《全唐诗》未载。

敦煌发现而《全唐诗》未收诗歌中最著名的一篇是韦庄的《秦妇吟》。韦庄是唐代杰出的词家和优秀诗人。长篇叙事诗《秦妇吟》长达1600余字。在古典诗歌中是少见的鸿篇巨制。诗人亲身经历唐末黄巢起义的动荡年代，间关顿踬，寓目缘情，他以敏锐的观察力，描写风云突变的社会现实，深刻地反映出在唐末黄巢起义冲击下的唐代社会真实情况。

敦煌诗歌资料中的王梵志及其五言白话诗的发现，为探讨白话诗的发展提供了极为重要的材料。有关王梵志诗的写本约有30余个，加上唐宋以来诗话笔记所载王梵志的诗作，共得王梵志诗近400余首。王梵志诗的内容十分丰富，有描摹某些社会现象的诗篇；有直接反映贫富对立、人民疾苦的诗篇；有揭露封建官场种种弊端的诗篇；有揭露府兵制下边塞兵士痛苦生活的诗篇，具有较高的现实主义水平。同时也有倡导劝世格言诗，内容涉及待人接物，处世交游各方面，特别是敬养父母、兄弟和睦、教育子女、慎于饮酒玩乐以及怎样和朋友邻居相处等比较现实的问题。此外，还有相当部分是宣扬佛教思想的诗作，有的劝世人多行善事，有的写地狱的恐怖，有的讲说轮回的因果，有的阐述佛教哲理。

王梵志诗有和同时代诗人迥然不同的特点，他善于把口语方言、俗语俗谚引入诗歌，既明白如话，又言近旨远，以通俗为其诗歌的主要艺术特征。

敦煌诗歌资料中还保存有敦煌本地诗人的作品。从内容上看，主要有直接反映当时风云变幻的社会时事之作，如P.2555号《唐人诗集残卷》，就是敦煌沦陷吐蕃后成为俘虏的敦煌人，在被押送途中写下的见闻和感受。有敦煌士人所献贺诗及酬赠奉答之作。有描写和颂赞敦煌地区名胜古迹之作，如《敦煌十二咏》《敦煌廿咏》《沙州十二咏》等。

此外，还有佛教徒写的揣摩人生、嗟叹凡迷、演绎生死、弘扬佛法、劝戒修行、参禅悟道以及敦煌民间有关劝善修道、家教世训、物候节气、婚丧嫁娶、感叹抒怀的诗作。

2. 变文

变文是唐代民间说唱文学的主要形式，是在汉魏乐府、小说、杂赋等文学传统基础上发展演变而成的新兴文体。其特点是语言通俗，接近口语，有说有唱，韵白结合，宣讲时往往配以图画。敦煌变文除以讲唱佛教故事的变文外，还有以历史故事和民间传说为题材的变文。历史故事类的变文，如《伍子胥变文》《王陵变文》《李陵变文》《王昭君变文》等，都是以历史人物为中心的。还有一些变文则是描写当时的历史事件，如《张议潮变文》《张淮深变文》，就是以当时当地的英雄人物为描写对象。它们大多以一个历史人物为主，撷取历史事件中的轶事趣闻，吸收民间传说，进行加工渲染而创作的。以民间传说为背景的变文，如《孟姜女变文》《舜子至孝变文》，讲述的是与一定历史人物、历史事件和地方古迹、社会习俗等有关的故事。

变文的发现，使我们认识到宋元话本、小说，以及明清以来的宝卷弹词、鼓词的由来，填补了文学史研究的空白。

3. 歌辞

敦煌歌辞，一曰曲辞，包括曲子辞和大曲辞。曲子辞，又称曲子词，多数是民间作品，诗人文士所作极少。从文学技巧上看可能不够成熟，但其反映现实生活则极为真切、生动，具有一定的文学价值，同宋词的产生有着渊源关系。

敦煌的曲子词，其数量多达1000余首，绝大多数是流传民间的作品。内容极其丰富，涵盖的社会面极其广泛，意旨深厚。正如《敦煌曲子词集·叙录》所说："今兹所获，有边客游子之呻吟，忠臣义士之壮语，隐君子之怡情悦志，少年学子之热望与失望，以及佛子之赞颂，医生之歌诀，莫不入调。"

敦煌歌辞在反映重大的社会生活题材时，无论是大笔勾勒，还是重墨浓彩，都真实地再现当时社会面貌和人们的思想感情、要求和愿望。有直接反映劳动人民的生活、疾苦的曲子词；有反映频繁的战争给人们造成深重灾难的曲子词。大量的是反映妇女问题的作品，或托物寓意，或触景生情，倾诉着征妇情思，怨妇悲愤和被侮辱被损害女性的反抗心声，以及对始终不渝、纯洁无瑕的爱情的追求和向往。有描写商人和知识分子的生活状况与精神面貌的曲子词。还有热情歌颂在大唐帝国繁荣昌盛的感召下少数民族背蕃归汉的爱国主义精神，以及敦煌地区人民保卫边疆、实现统一的英勇斗争精神的曲子词。此外，还有描写渔夫、豪侠、道士、僧徒、五陵少年等各类人物的作品，以及颂马、颂剑、讥刺戏谑、抒情写景的篇章。这些作品语言通俗，风格刚健。

此外，还有一些以时间为顺序的联章体曲子词，如《五更转》《十二时》《十二月》《百岁篇》《十恩德》等，大部分是宣传佛教思想的，也有描写闺怨、相思、劝人勤学的作品。其特点是以曲见胜，通俗易懂，比喻生动。

4. 话本小说

小说是唐代新兴的文体之一，在文人创作传奇小说的同时，民间已流传话本小说。大都是民间说话艺人讲说故事的底本，以历史故事为题材，在一定程度上反映出当时人们的理想、愿望和要求，为宋代话本小说的前驱。

敦煌所出的话本小说，主要有《唐太宗入冥记》《秋胡》《韩擒虎话本》《叶净能诗》《庐山远公话》《孔子项托相问书》等。

5. 俗赋、词文等

敦煌所出有一些以"赋"为名的作品，它们和汉魏六朝的文人赋很不相同，基本上摆脱骈词俪句的形式，使用的语言文字通俗畅达，明白如话，和小说比较接近，是流传民间的作品，故称为“俗赋 ”。还有部分全以吟词形式出现的“词文”，驳诘议论性的“杂文”等。

敦煌俗赋的代表作有《韩朋赋》《燕子赋》《天地阴阳交欢大乐赋》等。词文有《季布骂阵词文》，以及驳诘议论的《茶酒论》《梵志喜学多术说》。

六、社会经济资料

敦煌藏经洞文献中，还有相当数量的政府和寺院档案、民间契约、社邑文书等社会经济方面的资料。这些文献资料对于研究中国古代的社会生活制度、经济史、社会史等，无疑是极其珍贵的资料。

敦煌文献中的社会经济资料，涉及的内容相当广泛，部分资料的类别划分难以确定明确的归属，有的资料具有多重性质，但从研究社会经济的角度出发，因而把它们统一划归在社会经济资料中。它们包括望姓氏族谱名族志家传；籍账；差科薄；社邑文书类（其中包括立社条件、请求入社退社状、社司牒状及处分、社司转贴、纳赠历、收支账与凭据、社邑活动文书等）；沙州敦煌县行用水细则与渠人（社）行人转贴；敦煌会计历等财政文书；契据类（其中有买卖契、典押契、转换土地宅舍契、租佃土地契凭、买卖雇用牛驴驼车具等契、卖儿契、卖婢契、典儿契、典身契、雇工契、借贷契与请便牒、析产和处分遗产文书、养男立嗣文书、遗嘱、分书、放妻、放良书样式等）；便物历；关于奴婢、地宅、遗产、债务、税役纠纷等牒状公验；关于营田、勋荫田、退田、受田、租田、请地、田亩、户口、徭役、税收、硙课等牒状及籍历；法律文书；什物历；施入疏；诸色入历；诸色破用历；诸色入破历计会；堂舍房基账；驼马牛羊等籍及有关牒状和凭据；归义军资库、内库、内宅、柴场、宴设诸司等牒状及判凭；买卖、座设、财礼、纳贺、荣葬、荣亲等杂文书；追念、设供等请僧疏；诏敕、告身、信牒、公验、表、书、状等；军事、驿传、治安等文书；杂牒状和书启；墓碑、邈真赞、别传、功德记等；书仪、书启等文书（图 90）。

敦煌社会经济资料内容十分庞杂，涉及社会生活各个方面。这方面的文书散见于敦煌文献中，收集十分困难，有关敦煌社会经济资料的辑录，可参见唐耕耦、陆宏基编的《敦煌社会经济文献真迹释录》五册。

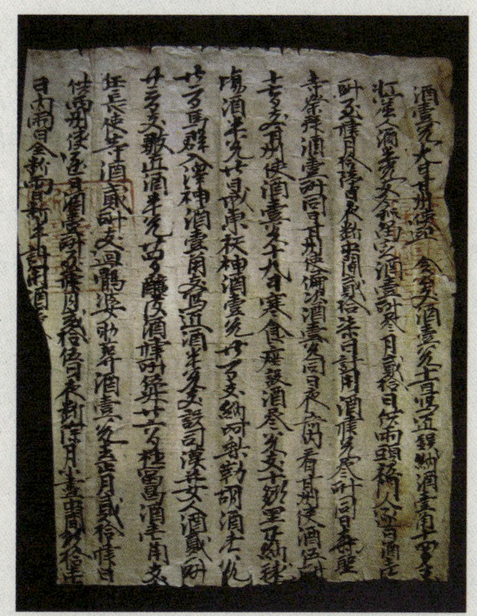

图 90 北宋乾德二年酒账单 敦煌研究院藏 0038 号

七、历史、地理资料

敦煌文献中保存历史学资料和古地理文书，从数量上看并不多，但内容极为丰富，有的可订史籍纪传的讹误，有的可补载集失纪的不足，特别是一些有关西北边地研究的资料，尤为珍贵（图 91）

敦煌文献中有关唐末五代归义军的资料最为丰富。唐自安史之

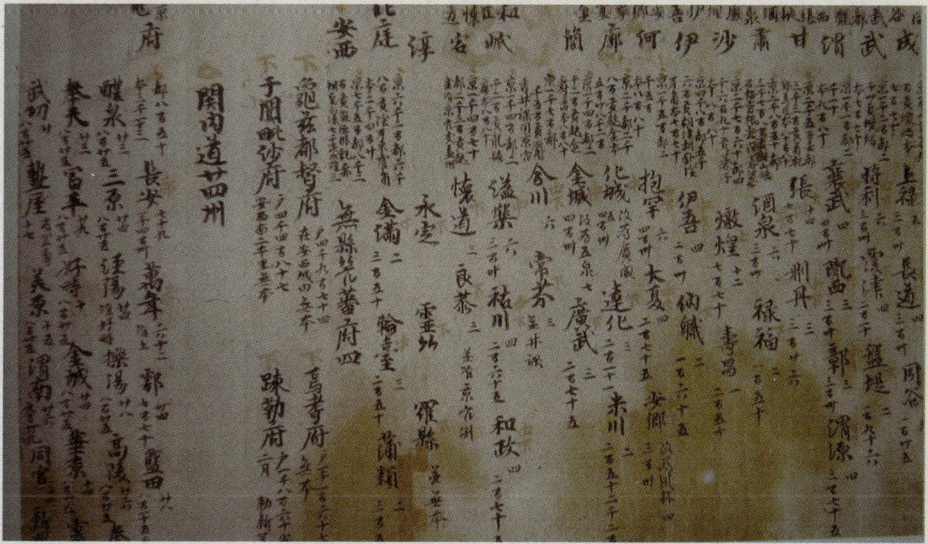

图 91 地理志残卷 敦煌市博物馆藏第 58 号

乱后，吐蕃势力进入陇右河西，达70年之久。待张议潮组织归义军崛起瓜沙，献11州图籍归唐，奉唐正朔，陇右河西复入李唐版图。归义之制延至宋初，历时近200年，为唐五代西北史上一大事。但《新唐书》《旧唐书》未为张议潮立传，《新五代史》《旧五代史》《宋史》《辽史》《资治通鉴》等于归义军事偶有所记，亦复一鳞半爪，而讹误罅漏，历历可见。敦煌所出归义军及张曹二氏资料，有直接关系的上百种，间接的材料就更多，填补了历史记载的空白，使千年坠史，才获重现。

敦煌所出的古地理文书，是弥足珍贵的资料。从内容上看，可分为以下几类：

1. 沙州、伊州、西州地区残地志：有《沙州都督府图经》《西州图经》《沙州城土境》《沙州图经》《寿昌县地境》等。这些图经记载了当地的道路、山脉、河流、湖泊、古迹、渠道、堤堰、驿站、城镇沿革、土产、祥瑞等，其内容大都是史籍缺载的。

2. 敦煌地理杂文书：有《瓜沙两郡史事编年》《敦煌录》《敦煌水渠》等，可与图经记载相互补充。

3. 全国性地志：有《贞元十道录》《地志残卷》《兴平县志》《诸道山河地名要略》等，可补《元和郡县图志》记载之不足。

4. 往西域行记：有《慧超往五天竺图传》《西天路竟》《大唐西域记》，这些资料校勘《大唐西域记》具有重要价值，有的还可互相补充。

5. 往五台山行记：有《五台山志残卷》《往五台山行记》《普化大师游五台山日记》《诸山圣迹志》等。

八、科学技术资料

敦煌文献中有许多古代科技资料，如数学方面有算经、算术；物理学方面有力学、计量学；化学方面有冶炼、炼丹术；天文学方面有历日、星图、天文图；医学方面有本草、医籍、针灸；此外，还有造纸与印刷术及建筑、纺织酿酒、制糖等手工业技术方面的资料。它对于我国科学技术和科技史的研究具有重要的意义。我们仅就敦煌科技资料中的天文学、印刷术、医学三项加以介绍。

1. 天文学资料

敦煌所出的天文学资料包括历日与星图两个方面。敦煌的古历日写本、刻本已知的有40余件，最早的是北魏历日，最晚的是北宋历日。

敦煌历日大部分为敦煌地区自编，共有30余件。现知最早者是《唐元和三年（808年）戊子岁具注历》断片，最晚的是《宋淳化四年（993年）癸巳岁历日》。此外，还有《唐元和四年（809年）己丑岁具注历日》《唐光启四年（888年）戊申岁具注历日》《唐景福元年（892年）壬子岁具注历日》《后唐同光二年（924年）甲申岁具注历日》《后唐同光四年（926年）具注历》《天成三年（928年）戊子岁具注历日》《天福十年（945年）具注历》《显德三年（956年）丙辰岁具注历日并序》《显德六年（959年）己未岁具注历日并序》《太平兴国七年（982年）壬午岁具注历日并序》《雍熙三年（986年）丙戌岁具注历日并序》《端拱二年（989年）己丑岁具注历日》等。

此外，另有3件历日由外地传入敦煌，一是北魏太平真君十一年（450年）和十二年历，它是现存敦煌历日中最早一件，也是现知唯一的北魏历书实物。一件是木刻本唐中和二年（882年）《剑南西川成都府樊赏家历日》。一件是《唐乾符四年（877年）丁酉岁印本历日》。

在敦煌历日中，有一个引人注目的现象，就是来自西方基督教的星期制度最早引见我国历日始见于敦煌历日。一星期的各日在敦煌历日中都有特定的术语，星期日是密，从星期一至星期六依次是莫、云汉、嘀、温没斯、那颉、鸡缓。如《雍熙三年丙戌岁具注历日并序》中，在正月一日顶端注“那颉日受岁”，意即这天是星期五，以后只有星期日那天注上“密”字。

敦煌历日的发现，为研究古代历书的演进发展提供了重要的材料，在中国历法史上占有显著的位置。

敦煌的星图共有两幅，一幅是《全天星图》（S.3326号），一幅是藏于敦煌博物馆的《唐人残地志》背面的《紫微垣星图》。

《全天星图》从12月开始画起，根据每月太阳位置的所在，把赤道带附近的星分成12段，利用圆筒投影的方法画出，它囊括了当时北半球肉眼所能见到的大部分恒星。

《紫微垣星图》彩绘于两个同心圆上，这幅星图观测地点的地理纬度为北纬35度左右，相当于西安、洛阳等地。

此外，敦煌文献中还有一些天文学资料，如P.2512号是一卷天文著作残卷，包括二十八宿次位经和甘德、石申、巫咸三家星经。又如《玄象诗》，是以韵文歌诀的形式来介绍全天星官，这样便于记忆背诵。

2. 印刷术资料

印刷术，包括雕版印刷和活字印刷，是我国古代四大发明之一，是对世界文明进步的伟大贡献。敦煌文献中除绝大多数是手写本外，还有一些雕版印刷品和文字记载，为研究雕版印刷术的发明时间及原委，提供了可靠的依据。

敦煌雕版印刷品中最著名的是唐咸通九年（868年）《金刚经》。原卷收藏于英国伦敦大英博物馆，编号SP.002号，翟理斯目录编号为G.8083号。此卷首尾完整，由7张纸接连而成，包括卷首扉页画一张，全卷长约488厘米，宽30.5厘米。扉页刻给孤独园中须菩提请问释迦牟尼图，刻画极精，刀法圆熟，经文每行19字，殿以真言。卷尾题记："咸通九年四月十五日王玠为二亲敬造普施。"这是世界上现存第一部标有年代的完整的雕版印刷品，被誉为"世界印刷史和版画艺术的冠冕"。

归义军曹氏政权在曹元忠执政期间，舍资雕版印刷佛像、菩萨像、佛经等。敦煌文献中发现的由曹元忠舍资雕刻的印刷品有阿弥陀佛像、观音像、文殊像、地藏像、毗沙门天王像、普贤像等，总数多达60余幅。此外，还有木刻印本《金刚般若波罗蜜经》残卷。

其他木刻印本的佛经，还有属于真言的《大随求陀罗尼》《一切如来尊胜佛顶陀罗尼加句灵验本》《圣观自在菩萨千转灭罪陀罗尼》《无量寿佛密句》《圣观自在菩萨莲花部心真言》。以及《佛说观世音经》残卷、《大般若波罗蜜多经》残卷、《故圆鉴大师二十四孝押座文》。

木刻印本历日有《丁酉年具注历日》《剑南西川成都府樊赏家历日》《上都东市大刁家大印》等。木刻印本韵书有《大唐刊谬补阙切韵》4个残卷，其中包括6种不同的刻版。

此外，尚有一些印本佛像画，如观音像、经变图、涂色印本佛像、千佛像和千菩萨像等。另有许多木刻印本书卷、图画残片，其中有《法华经》《金刚经》《大方广佛华严经》《无量寿决定光明王如来陀罗尼经》《观无量寿佛甘露疏》《阿弥陀经》《瑜珈集要救阿难陀罗尼焰口仪轨经》《大般若经》等诸经者，以及《论语》《左传正义》残片。

值得注意的是，在印本切韵印刷左下角最后两三字是记刻版顺序的，与今之页码用途近似。咸通九年《金刚经》的顺序码是刻在版心上的，后来演变成木刻心记页码，而左下角记页码的方法却没有传下来，这两种记页码方式均首见于敦煌的实物中，是珍贵的印刷史资料。

3. 医学资料

敦煌文献中有许多医学方面的资料，保存了大量的古代医学典籍，约有80余种。对这些资料的研究和发掘整理，可以丰富祖国医学的内容，填补一些领域的空白，古为今用，在现代医学中发挥其应有的作用。

敦煌所出的80余种古代医学资料，可以分为11类。

医经类：有《三部九候论》《病形脉珍》。

五脏论类：有《明堂五脏论》《张仲景五脏论》。

诊法类：有《平脉略例》《五脏脉候阴阳相乘法》《占五脏声色源候》《亡名氏脉经》《玄感脉经》《七表八里三部脉》《青乌子脉诀》。

伤寒论类：有张仲景《伤寒论》。

医方类：有《杂疗病药方》《唐人选方》《黑帝要略方》《单药方》《不知名医方》十余种。

医术类：有《辅行诀脏腑用药要法》。

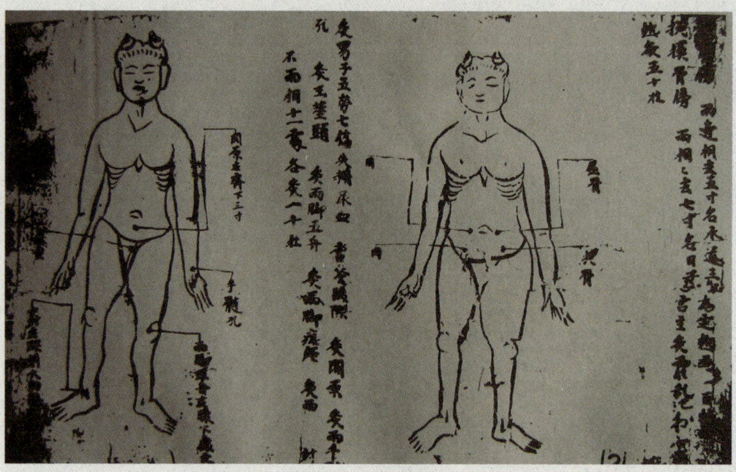

图 92 藏经洞出土写卷 S.6168《灸经图》(局部)

本草类：有《本草经集注》《新修本草》《食疗本草》《佚名氏本草序例》。

针灸类：有《灸法图》《新集备急灸经》《灸经明堂》《人神流注》(图92)。

辟谷、服石、杂禁方类：有《辟谷诸方》《疗服石方》《王宗杂忌单方》《陵阳禁方》《杂方术》。

佛道医方类：有《佛家方》《道家方》。

医史资料类：有《乞药笺》《救诸众生苦难经》中的10种死病，《劝善经》中的7种死病，《类书·医卜》中医家郭玉付，《伍子胥变文》中的“药名诗”，阴阳书中有关病症与药名，《行事钞》中的“治病所须”,《百一物本》中的医用物品，佛家语喻医方，《痔病经》中病名等等。

此外，在敦煌文献中还有古藏文写成的藏医著作，如《藏医杂疗方》《藏医灸法残卷》《医疗术》等。

敦煌文献中的医学资料，极大丰富了隋唐前后医学典籍宝库，为古医籍的校勘和辑佚提供了重要的资料；以及古佚经方的发现，其都在医学理论、诊断学、本草学、方剂学、针灸学、临床各科等方面，具有医药学术成就，解决了一些在医史研究中长期有争议的问题。

九、少数民族文字文献

敦煌文献中不仅有大量的汉文写本，而且还有为数众多的少数民族语言文字的写本。有古藏文、回鹘文、于阗文、粟特文和少量的梵文等文字资料，这些写本是研究我国西北地区民族语言、历史、地理、宗教和文化的不可多得的宝贵资料，同时也是对汉文史料的重要补充。

1. 古藏文

敦煌所出的古藏文写本，大部分由斯坦因和伯希和所劫，收藏在英国伦敦印度事务部图书馆和法国巴黎国家图书馆。在我国甘肃河西境内的敦煌、酒泉、张掖、武威和兰州等地的博物馆和图书馆，也收藏有一批劫余的古藏文写本。据初步统计有经卷式写本约 300 余卷，箧页式（有双孔、双面书写）写本约近万页左右。这些写本的写作年代约为公元 8 至 10 世纪。

伦敦和巴黎所藏的敦煌古藏文写本，总数约有 3000 件。法国藏学玛塞尔·拉露女士编著的《巴黎国家图书馆藏敦煌藏文写本目录》，共著录藏文写本 2216 号书目；比利时鲁文大学教授、佛学家德·拉·瓦莱·普辛编著的《印度事务部图书馆敦煌藏文写本目录》，共著录 765 号书目。

伦敦和巴黎所藏的藏文写本，大部分是与佛教有关的经典、疏释、愿文祷词、陀罗尼、瑜珈怛特罗等。佛经中的《般若波罗蜜多经》《无量寿佛经》等数量尤为可观。除佛教著述之外，敦煌藏

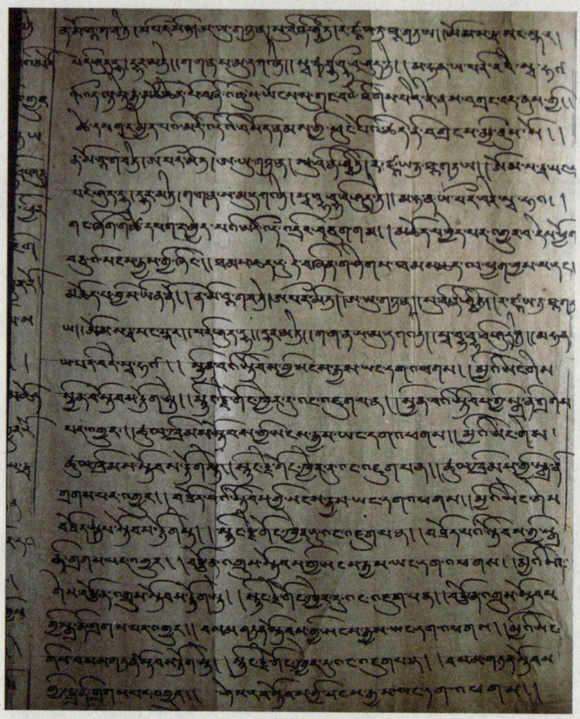

图 93 古藏文《大乘无量寿宗要经》敦煌市博物馆藏

文写本中最引人注目和受到人们高度重视的是有关吐蕃历史、社会的文书（图 93）。

关于敦煌藏文写本中的吐蕃史料，对于研究吐蕃史、西域史具有重要的价值。如 P.16 号系发愿文，涉及佛寺建筑及吐蕃大臣施捐；P.116 号系写经，内有卧轮禅师逸语；P.127 号和 P.1066 号涉及养马和铁铖法；P.849 号涉及吐蕃诸王名称；P.1286 号、1287 号、1288 号系历史纪年，涉及吐蕃历史；P.1289 号涉及敦煌世系；P.1038、1047 号涉及吐蕃古代史；P.1144 号涉及敦煌历史；P.996 号涉及禅宗五位禅师；P.960 号涉及于阗佛教史；P.1283 号涉及北方诸王历史；P.958 号涉及四方地理；P.1051、1052、1196 号涉及婚礼歌；P.1290 号涉及属邦名册；P.1060 号涉及马卜；P.1285 号涉及疗疾仪式；P.1182 号涉及基督教；P.1042 号涉及葬仪；P.992、1284 号涉及孔子与项托相问书；P.1251 号涉及象雄语；P.1283 号涉及 8 世纪回鹘人探索高地亚洲北部的报告等等。

社会经济方面的写本，都是吐蕃统治敦煌时期的遗物，有诉状、告牒、户籍、赋税逋欠账册、田亩契约、土地交易契约、寺院财产等方面的资料。

此外，藏文写卷中的古籍译文有《尚书》《战国策》的残卷，以及经补配而完整的印度古代长篇史诗《罗摩衍那》译本。社会文书有《礼仪问答书》《狩猎伤人赔偿律》《纵犬伤人赔偿律》等写本。

2. 回鹘文

敦煌突厥回鹘文文书，具有很高的史料文献价值。据初步统计，敦煌回鹘文写本中有2件是用摩尼教文字写成的；有2至3件是用藏文字母拼写的突厥语写本；有4件是用如尼文字写成的；约有39件用回鹘文写成。其内容包括经文、笔记、诗歌、公私文书、账单和格言集等。

关于伦敦和巴黎所藏的回鹘文写卷，法国学者哈密屯的两卷本《九至十世纪敦煌回鹘文写本汇编》一书，刊布了由38件写本组成的36种文书，其中25件藏于巴黎，13件藏于伦敦。加上P.3506号册子卷《善恶两王子的故事》和斯坦因or.8212号《八阳神咒经》，基本上是敦煌回鹘文写本的全部（图94）。

图94 回鹘文写本残卷 敦煌研究院藏第0707号

3. 于阗文

敦煌发现的于阗文写本，年代约在6至10世纪，主要收藏在伦敦和巴黎两地。从刊布的于阗文文献看，大部分是佛经，但是也有非佛教文献，其中有不少史料价值极高的文书和词汇集。

敦煌于阗文的佛经有《金光明经》《普贤行愿赞》《出生无边门陀罗尼》《观自在陀罗尼》《观自在赞颂》《药师经》《妙法莲华经》《金刚般若经》《阿育王譬喻》《善观喜譬喻》《善财童子譬喻》《般若波罗蜜多经》《文殊师利化生经》等。历史文书有使臣致于阗王奏报，于阗王致曹元忠书，致金汗书信和奏报，致于阗王奏甘州突厥情势等。词汇集有梵语——于阗语词汇，突厥语——于阗语词汇，汉语——于阗语词汇等。此外，还有迦腻色迦传、罗摩传和练字作业、医书等。

4. 粟特文

敦煌所出的粟特文写本，主要是佛经。这些佛典多译自汉文，亦有少量译自梵文和龟兹文。现收藏于伦敦和巴黎的粟特文写本佛经主要有《Vessantara 本生故事》《入楞伽经》《鸯掘魔罗经》《佛说善恶因果经》《药师琉璃光如来经》《佛说不空绢索咒经》《金刚般若波罗蜜经》《观世音菩萨秘密藏神咒经》《维摩诘经》《观佛三昧海经》《金光明经》《观音尊敬百论赞》《叔迦经》《戒酒经》《本生经或譬喻》《千眼千臂观世音菩萨陀罗尼》(转写梵文)《般若波罗蜜多经》(转写梵文)《陀罗尼》(转写梵文)等。

此外，斯坦因 1907 年在敦煌附近 $T._{X}$ 11.a 号长城烽燧遗址中获得八封粟特文信札，其中第二封信曾述及洛阳被焚，天子出亡，匈奴入据洛阳之事。关于这些书信的年代，至今犹有争论，有 2 世纪和 4 世纪两说。这些粟特文信札，内容丰富，涉及粟特人进入河西和中原经商的规模、范围、商品、行市和情况等等，有较高的史料价值，虽非出自藏经洞，但作为时代较早之粟特文书，特加以介绍说明。

藏经洞出土的美术工艺品

在藏经洞出土文物中，除数以万计的写本文献外，同时出土的文物还有部分美术工艺品。这些美术工艺品包括绘画、纺织品、木雕等。绝大部分为斯坦因和伯希和掠走，收藏在英国伦敦大英博物馆、印度新德里博物馆、法国巴黎吉美博物馆，此外，在中国、苏联、美国、日本、韩国等也有零星单幅收藏。

一、绘画品

敦煌藏经洞所出的绘画品，从绘画的材料上可分为绢画、麻布画、纸画等。斯坦因所获绘画品共计536件，其中282件收藏在英国伦敦大英博物馆，254件收藏于印度新德里博物馆。斯坦因所获536件绘画品中，绢本画约有335幅，麻布画94幅，纸本画107幅。伯希和所获绘画品共计216件，其中绢本画136幅，麻布画47幅，纸本画33幅。

敦煌藏经洞所出的绘画品，是公元7世纪至10世纪的遗物。斯坦因所获绘画品中纪年最早的是唐咸通五年（864年）的《四身观音、文殊、普贤菩萨像》，纪年最晚的是宋太平兴国八年（983年）的《大慈大悲救苦观世音》。伯希和所获的绘画品中，纪年最早的是唐开元十七年（729年）的《高僧像》，纪年最晚的是宋太平兴国八年（983年）的《地藏十王图》。

敦煌藏经洞所出的绘画品，其题材主要是佛像、菩萨像、护法神像、佛传故事、经变画以及曼荼罗等。其中佛像有释迦、阿弥陀、弥勒等独尊像和说法图，如释迦牟尼佛灵鹫山说法图、阿弥陀佛八菩萨图等。经变画有降魔变、观无量寿佛经变、阿弥陀净土变、药师净土变，维摩诘经变、法华经变观音普门品、弥勒下生经变、劳度叉斗圣变、父母恩重经变等等。数量众多的是各种菩萨像，其中尤以观音像最多，有圣观音、千手千眼观音、大悲观音、如意轮观音、不空羂索观音、救苦救难观音、延寿观音、引路观音、水月观音、马头观音、十一面观音等，其他的菩萨像有文殊、普贤、地藏、金刚藏、多罗、日曜等菩萨。护法神像有天王、金刚力士、行道天王图、明王、那延罗天等。另外，还有地藏十王厅、观音曼荼罗、尊者像、高僧像、佛传图，以及狮子、骆驼和描绘各种花卉图案、迦陵频伽的绘画品（图95）。

二、纺织品

敦煌藏经洞所出的纺织品，主要是幡画的附属物，如用于画

幡顶部的三角形幡首、两侧垂悬的幡带，以及用于包裹经卷的丝织品经帙和有关药师佛信仰中悬挂的五色彩幡、垂幕等。制作的材料，有绢、绮、纹罗、绫、锦（分经锦和纬锦两种）等。此外，还有部分刺绣品。

三、木雕

敦煌藏经洞所出的木刻品很少，共有20余件。斯坦因所获各有一尊彩绘木雕佛像和高僧像。伯希和所获共21件，其中有一尊彩绘释迦牟尼像，两尊彩绘天王像，两只小祭坛，以及若干以单块木头刻成的小佛像和菩萨像。

图95　藏经洞出土绢画　英国博物馆藏斯47号

第四章

游访遗迹遗物

敦煌学的研究，是以敦煌地区遗存至今的文物文献资料为研究对象，主要是指古敦煌郡（即瓜、沙二州）境内的资料。这些资料，除上述的敦煌石窟艺术和藏经洞出土的文物文献之外，还包括敦煌地区遗留下来的古代人文遗迹和遗物等，以及与敦煌有关的其他资料。这些文物文献资料，大都产生于古代敦煌，在以地为系的纲领下，贯串古今，左右通连，互相渗透，在共同的时空范围内，使它们之间必然地存在着内在的联系，形成一个不可分割的有机体，比较全面而真实地反映着古代敦煌特有的历史风貌，同时也可窥见中国古代史、中西陆路交通史、中亚史的一些侧影。

敦煌地区的古代人文遗迹

敦煌地区现存的古代人文遗迹，是古代生活在敦煌这片土地上的人们生息繁衍、生产劳动、文化活动遗留下来的痕迹，它包括文化遗存和遗迹或遗址。

一、遗存

敦煌地区的古代人文遗存，主要是指远古时期居住生活在这块土地上的先民的文化遗物。如在今敦煌境内的南湖古董滩、杨家桥乡、马圈湾烽燧遗址附近和安西县境内的兔葫芦等地发现的新石器时代的石器、陶器等，经考古鉴定这些器物的文化类型和疏勒河流域的玉门火烧沟文化类型相同，是距今3500年以前的遗物。证明了在新石器时代晚期，敦煌已有人类生息繁衍的活动，并创造了自己的历史文化。

除此之外，在今肃北蒙古族自治县境内的南山中，还遗存有大量游牧民族绘制的岩画，这些岩画反映了在敦煌建郡以前少数民族游牧生活的情况，这对研究月氏、乌孙等民族的社会生活状况，具有极为重要的价值。

二、遗迹或遗址

敦煌地区的古代人文遗迹或遗址，主要是指自汉武帝在敦煌建郡以来遗留至今的古代城堡、长城、关隘、烽燧、驿站、冢墓、道路、河渠、寺庙等，这些古代人文遗迹或遗址，对于研究古代敦煌的政治、军事、社会、中外交流、民族关系、邮驿制度、水利建设、农业种植、历史地理等都具有重要的价值，为敦煌学研究材料的构成，奠定了丰厚的基础。

（一）古城址

敦煌地区古代最早的城市建设，首推西汉武帝元鼎六年（前111年）敦煌建郡后建立的敦煌郡城。除修建郡城之外，还在郡所辖的各县修建城池，自此以后，历代王朝在敦煌地区都有不同规模的城市建设活动，或在前代旧城址的基础上重新建城，或出于

图96 沙州古城遗址

政治军事的需要，在一些重要的地方重筑新城，现在遗存至今的古城址有十余座之多。

在今敦煌境内现存的古城址有：

敦煌古城：又称沙州故城。即西汉时的敦煌郡城，唐代以来改郡为州遂名沙州城。遗址在今敦煌城西，党河西岸，跨过党河大桥即到。犹存南、西二面城垣，南垣长 781 米，西垣长 1132 米，城西北角有高大壮观的角楼遗址，残高达 16 米。古城东垣，清初被党河洪水冲毁，部分墙垣残基仍可见到。根据故城南、西二面城墙共长 1850 米加以测算，东、北二面城垣长亦应相近，推算敦煌古城周垣长约 3700 米左右（图 96）。

寿昌城遗址：在今敦煌南湖乡。寿昌城为汉代龙勒县地，是敦煌郡所辖六县之一，唐武德二年（619 年）改名寿昌县，归沙州管领。城池遗址东临山水沟，北连沙梁湾，南、西现已为耕地。城池总面积为 83500 平方米，东、西、北三面仅存断续城垣，马面残迹尚可辨认，南面只存墙基。北垣长 300 米，东垣长 270 米，西南墙由西向东 58 米处折向南 180 米再折东 250 米处接东垣。城墙残高 4.2 米，上宽 2 米，下厚 7 米，全系红胶土版筑。城内大部为黄沙覆盖，城垣附近，有很多古砖、瓦残片及红、灰陶片散布（图 97）。

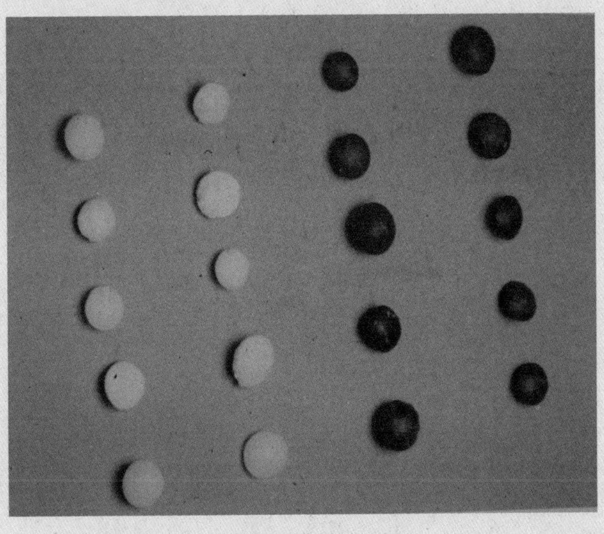

图 97 寿昌城遗址出土的棋子 敦煌市博物馆藏

河仓城遗址：河仓城又称大方盘城，距敦煌城 60 公里。该城创建于汉代，自汉晋以来，为西边防线上储备粮秣等给养的军需仓库。城堡遗址为长方形，夯土版筑，东西长 132 米，南北宽 17 米许，现存墙垣最高处为 0.7 米，内有南北方向的两堵墙，将其隔为相等并连的

图 98 河仓城遗址

3 座仓库，仓库每间东西长 42.5 米，南北宽 14.5 米，墙厚 1.5 米，三间仓库向南各开一门。四墙残颓，北壁较完整，壁的上下具有三角形小洞，每壁上三下五，间隔距离交错相等，可能是仓库的通风设施。南壁虽多残塌，小土洞所剩无几，但与北壁小洞相对称。仓库外围东、西、北三面还加筑两重围墙，仓库正南面戈壁陡起处有一烽燧（图 98）。

戴家墩城堡遗址：该遗址位于敦煌城东北约 20 公里的黄渠乡。遗址现仅存墙基，南北长约 113.7 米，东西宽 92.5 米，城门向南，四角楼遗痕尚存。

甜水井城堡遗址：位于敦煌城东北约 60 公里，遗址在疏勒河以南、甜水井以北的戈壁滩上。共有两处，相距约 3 公里。现仅存有稍高于地表而断续不齐的墙基痕迹，其中一处周垣长约 440 米，因地面暴露铜箭簇、铁刀、铁剑、陶器、五铢钱等遗物较多，可能是汉代军屯重地，有待进一步发掘考证。

墩湾城堡遗址：位于敦煌城东郭家堡乡墩湾北面较高的红褐土地带。周围地面堆积有流沙层，西面有高出地表约 1 至 2 米的土疙瘩，北面地形较低。遗址东西长约 1000 米，南北宽约 100 至

300米。在遗址中部发现有唐代墓葬，地面暴露有陶片、五铢钱、开元通宝钱、残砖等遗物。

城湾城堡遗址：位于敦煌城东北17公里处。现仅存方形古城残基，南北两城垣长31.9米，东西城垣长30.9米。其中北城垣厚3.6米，残高2.2米，系用夯土版筑而成，门开于西垣，宽6米，城内有房屋建筑痕迹，城内外有许多灰陶片、残砖等遗物，曾采集到石磨残片和开元通宝钱。

今肃北蒙古族自治县境内现存的古城址：

党城城堡遗址：在县东南2公里处，遗址为长方形，夯土版筑，城垣犹存。其中东垣长231米，西垣长218米，北垣长144.5米，高2至4米，总面积为3万余平方米。城堡四角及北墙中间有堡楼，城内南面正中有建筑遗迹。地面暴露有垂帐纹、弦纹灰陶片、太平通宝钱、石磨、花方砖等遗物。据文献记载，该遗址可能是唐、宋时期敦煌紫亭镇故址。

石包城城堡遗址：位于石包乡西南小山上。城系石垒而成，四垣较为完整，略呈方形。每垣长约100米，残高10米左右，西垣稍为弧形，开南门，城周有壕，城门东侧有一土台。据称为唐、宋时期的雍归镇故址。

今安西县境内现存的古城址：

锁阳城址：锁阳城又名苦峪城，在安西县南桥子乡附近戈壁滩上。城为长方形，夯土版筑，南北长470米，东西宽430米，高10米余。城中偏东有一南北隔墙，将城分为东西两部，东小西大，隔墙北端拐角有门，东部可能是内城。城垣四角有圆形转角土墩，南北垣各有马面5个，东垣3个，西垣4个。该城有4个瓮城，北垣2个，南、西垣各1个。城西北角有一圆形高大建筑物，并有拱形门洞，东西贯通。城外有环墙遗迹，东北方向1公里有塔儿寺1处，有8座土塔。在遗址中曾采集到开元通宝钱、陶纺轮、灰红陶屯、石磨、铁箭簇等遗物。该城为汉代冥安县和唐代瓜州

图 99 锁阳城遗址

（晋昌郡）暨晋昌县的治所（图 99）。

破城子城堡遗址：位于距安西县城 35 公里处踏实乡附近。遗址略为长方形，南北长 202 米，东西宽 140 米，残高 14 米，夯土版筑。设有北门，城角有四方角墩，四面城垣有马面。在遗址中曾采集到大量唐代陶片和少量汉代灰红陶、夹沙陶片等遗物。该城为汉代广至县故址和唐代悬泉堡故址。

六工城堡遗址：位于县城西南 20 公里处南岔乡。遗址城垣高大，南北长 360 米，东西宽 280 米，东南角城呈折线形，垣有马面，共开四门，都是方形瓮城。该城的东北角又连着一座小城，其门向南又拐向西，城垣四角有角墩，似为内城。在遗址中曾采集到垂帐纹、绳纹红灰陶片和开通宝钱。该城为汉代昆仑障故址和唐常乐县故址。

此外，在今安西县境内还有一些不同时代的古城址，如新清故城、肖家地故城、南岔大坑故城以及清代的桥湾城址、白旗堡城址、西湖古城等等。

（二）汉长城、烽燧遗址

敦煌境内的长城和沿长城一带的烽燧，建于西汉时期，魏晋以来仍然沿用。现存长城和烽燧遗址东起安西县东碱墩，沿疏勒河南岸，逶迤北上，蜿蜒朝西，经东泉、大方盘、哈拉淖尔、玉门关、后坑子、吐火罗、天桥墩、湾腰墩一带，延绵150公里。根据汉简资料记载，西汉敦煌郡境内的长城和烽燧由玉门、阳关、中部、宜禾四都尉管辖。统辖今玉门镇以西，贝什托格拉克以东的疏勒河下游地区，横跨汉代龙勒、敦煌、效谷、广至、冥安5县。

玉门都尉驻守敦煌郡龙勒县北境，治玉门关，下设大煎都、玉门两候官。其统辖区域西起榆树泉盆地吐火罗泉西南的大煎都候官广昌燧，东止中部都尉平望候官朱爵燧。这一区域内共有烽燧32座，城障和仓储遗址各一座。遗址分布于古代疏勒河三角洲南，吐火罗泉西南，后坑至小方盘城北，小方盘城与南湖、大方盘城之间。

阳关都尉驻守敦煌郡龙勒县南境，治阳关。其统辖区域大致在今南湖至敦煌城之间。现存烽燧十余座，各相距2.5公里。阳关在唐代已见残毁、遗址无存。

中部都尉驻守敦煌郡敦煌县北境，下设平望、破胡、吞胡、步广、万岁5个候官，治步广候官。其统辖区域西起平望候官朱爵燧，东止于宜禾都尉宜禾候官临介燧。在这一区域内有烽燧34座，城障1座。它们分布于大方盘城至素由兔北，哈拉湖南岸，哈拉湖东南至党河、越党河至西沙窝西北。

宜禾都尉驻守敦煌郡北边塞东段，横跨汉代效谷、广至、冥安等县，下设宜禾、鱼泽、昆仑、美稷、广汉5个候官，治昆仑障。其统辖区域西起宜禾候官临介燧，东止酒泉郡西部都尉。在这一区域内共有烽燧38座，它们分布于西沙窝东北至瓜州故城西，安西以西至双塔堡、布隆吉北至疏勒河转弯处。

敦煌境内的汉代长城、烽燧遗址，犹以玉门关附近的一段长城保存尚好，残高 2.6 米，基底宽约 3 米，是用土垒间以芦草砌筑而成，土垒层厚 20 厘米，芦草层厚约 5 厘米。

（三）两关遗址

玉门关、阳关均在汉代敦煌郡龙勒县境内。自汉魏以来是通往西域诸国的重要关隘，也是丝绸之路南北二路的必经关口，在当时政治、军事、经济、文化等方面都具有重要的地位。

玉门关，相传由古时西域和田等地的美玉经此输入中原而得名。西汉时为玉门都尉治所，位于敦煌城西北约 90 公里的小方盘城。遗址为方形，四垣保存完好，全系黄胶土夯筑。城垣东西长 24.5 米、南北宽 26.4 米，残高 9 米。城垣上宽 3.7 米，东垣基厚 4 米，北垣基厚 4.9 米。城顶四周有宽 1.3 米的走道，门开于西垣中部，宽 2.4 米，高 2.7 米。城内东南角有一马道，靠东垣向南转上，直达顶部。半个多世纪以来，许多中外史学家均认为此城为汉玉门关。近年来，考古界有人考证此城为玉门都尉府，玉门关关址应在此城以西。汉玉门关故址，此城是否在它处，还有待以后考古发掘方能定论（图 100）。

阳关，因在玉门关以南而得名。位于敦煌城西南 70 公里南湖乡西面的古董滩上。汉时为阳关都尉治所。晋时曾于此置阳关县，

图 100 玉门关遗址

图 101 阳关遗址

唐以后遂废。阳关故址，早已无存。在今南湖乡西面的古董滩上曾发现大片版筑遗址，房基排列整齐而清晰，面积上万平方米，附近有断续宽厚的城堡垣基，还出土一些遗物，初步推测阳关遗址当在此附近（图 101）。

（四）古墓群

敦煌地区汉唐间的古墓，遗存数量很多，分布范围极广，据初步统计主要的分布点有十余处。

佛爷庙——新店台墓群：是敦煌古墓群中规模最大的一处。墓群在今敦煌城东南安敦公路南侧的戈壁上，西起佛爷庙，东至新店台，延绵 20 公里；北自安敦公路，南至文化路口 5 公里处，宽约 5 公里。在 100 平方公里的范围内，分布着汉唐以来数以万计的古墓葬。其中除零星埋葬者外，有许多聚族葬。聚族葬周围有坟圈，坟圈用沙石围成，略呈方形，并留一开口处，作为坟圈门，极少数的坟圈门侧尚存有用土坯砌成的双阙。

祁家湾墓群：位于七里镇和孟家桥乡以西的戈壁滩上。墓地分布较广，南北长约 20 公里，东西宽约 5 公里，尤以祁家湾附近遗存较多，部分墓葬有坟圈和土阙。其中“双墩子”墓群是祁家湾墓群中较大的一组。墓葬外围有石围墙及走道，还有土阙建筑，墓围墙方形，约 200 米见方，方向正北；其南面有围墙走道，宽 26 米，长 125 米，是用砂砾石块堆成的南北两条平行砂脊。在围墙与走道出口处，筑有东西两土阙，相距11米，围墙内有大小墓23座。除“双墩子”外，还有两组墓葬结构与此相同。

敦煌地区除上述两处较大墓葬群之外，还有位于敦煌南湖乡汉唐时期的南湖墓群和山水沟墓群；七里镇汉代的铁家堡墓群；五墩乡唐代以来的镇原梁墓群和苏家堡墓群；转渠口乡汉晋以来的五圣宫墓群；安西县境内锁阳城东戈壁黑水故道旁汉唐时期的黑水河墓群和城南沿山戈壁上唐代以来锁阳城南戈壁墓群。

（五）驿站

据敦煌藏经洞所出唐代《沙州都督府图经》等文献记载，敦煌地区的古驿站有近30处，在唐代时已经废弃。见于记载的驿站名称有：州城驿、清泉驿、横涧驿、白亭驿、长亭驿、甘草驿、阶亭驿、新井驿、双泉驿、第五驿、冷泉驿、胡桐驿、东泉驿、悬泉驿、鱼泽驿、无穷驿、容谷驿、黄谷驿等。

甘肃省考古研究所近年来对汉代悬泉驿遗址进行了发掘。悬泉驿位于敦煌城以东64公里处的戈壁荒漠之中，遗址总面积22500平方米，遗址东南侧山谷深处2公里有泉水自崖壁汩汩而出，称为悬泉、吊吊水或贰师泉。据发掘确知遗址西汉时名为“敦煌郡郊谷悬泉置”。遗址时代上限始于西汉武帝太始三年（前94年），历经西汉、东汉、魏晋，前后延续400年之久，并有大量文物出土。

敦煌地区的古代人文遗迹，除上述介绍的外，还有许多没有详细介绍，如河渠、堰口等，在唐代见于记载的就有宜秋渠、孟授渠、阳开渠、都乡渠、北府渠、三丈渠、阴安渠以及马圈口堰、长城堰等。这些河渠都有遗迹可寻，有的经后代重修改造后，至今仍在使用。此外，如寺庙、土塔、名胜古迹等，就不一一介绍了。

敦煌地区的古代人文遗物

敦煌地区的古代人文遗物，包括地表遗物和地下遗物。地表遗物的范围相当广泛，这里所指主要是遗存至今的碑刻、石塔等物。地下遗物的出土非常丰富，这里我们仅介绍各遗址发现的汉简、其他出土物和敦煌墓葬中出土的各种文物。

一、 碑刻

敦煌地区古代遗留下来的碑刻，现存的大部分立于敦煌莫高窟，主要记载与石窟开凿有关的内容。

敦煌发现时代最早的碑碣，是1944年于敦煌西北大方盘城内掘得的晋泰始十一年（275年）的乐生碑，碑高4尺，宽6寸，隶书3行，碑碣云："泰始十一年二月十七日甲辰造乐生。"

《李克让修莫高窟佛龛碑》：原石立于莫高窟第332窟内，后碑残毁，残碑今存敦煌研究院。该碑立于武周圣历元年（698年）。碑文主要记述敦煌莫高窟的开创史和李氏家族世系。

《唐陇西李府君修功德碑》《唐宗子陇西李氏再修功德记》：碑石现立于莫高窟第148窟前室南侧。碑阳为《唐陇西李府君修功德碑》。刻于唐大历十一年（776年），记载陇西李氏世系和开凿第148窟的情况；碑阴为《唐宗子陇西李氏再修功德记》，刻于唐乾宁元年（894年），接上碑记述李氏世系发展情况等内容。

《洪䛒碑》：碑石嵌于莫高窟第17窟（藏经洞）西壁。碑文内容包括三个部分，上段刻唐敕河西都僧统洪䛒及沙州释门义学法师悟真告身；中段刻唐宣宗诏书；下段刻唐宣宗所赐的信物名牒。立碑时间据考大约在唐咸通年间。

《大唐河西道归义军节度使索公纪德之碑》：碑石现藏敦煌博物馆。碑文记载为索勋统治瓜沙时期曾兴废利民而歌功颂德。碑刻于唐昭宗景福元年（892年）。碑的另一面为《大唐都督杨公纪德颂》，碑中杨公究系何人，众说纷纭，尚待研究考证。

《莫高窟六字真言碣》：碑石藏于敦煌研究院。碣石上方横书“莫高窟”三字，中央阴刻观音像，像上方及左右两侧刻汉、梵、蒙、藏、西夏、八思巴等六种文字之六字真言。下为功德主西宁王速来蛮等题名，碣石立于元顺帝至正八年（1348年）。

《重修皇庆寺记》：碑石现存敦煌研究院。两面刻文，原碑石立于莫高窟文殊洞（第61窟），碑石所记功德主多与《莫高窟六字真言碣》相同，立于元至正十一年（1351年）。

另外，在莫高窟还存有清代的部分木质刻碑，如《重修千佛洞三层楼功德碑记》《重修千佛洞宝贝佛殿功德记》等。

二、石塔

敦煌发现的石塔，共有4件，其雕造年代均为北凉时期。其中3件藏于敦煌博物馆，根据发现的地点和愿文，定名为沙山塔、三危山塔、□吉德塔；1件藏于敦研究院，定名为岷山庙塔。

这4件北凉时期的石塔，其塔身的结构，都是八角形塔基、圆柱形塔腹、覆钵形塔肩、塔颈、相轮、塔身等部分组成。在塔身上雕刻的内容也大体上相同，在八面塔基上，每面线刻供养天人像，覆上方刻八卦符号，仅“□吉德塔”塔基刻发愿文。圆柱塔身刻《增一阿含经·结禁品》卷12中的一段经文和施主的发愿文。岷山庙塔的圆柱塔身上还刻有婆罗迷文字的因缘经文。上层覆钵形塔肩上部刻覆莲，下部开8个圆拱形龛，龛内浮雕或阴刻结跏趺坐七佛和一菩萨，造像题材都是过去七佛和弥勒菩萨。造像具有我国早期造像的共同特点，佛像都是磨光高肉髻，面相方圆，或丰满而略长，耳轮垂肩，眉梢上斜，体态雄健，身着通肩架裟或右袒架裟，衣纹为较有规则的阴刻密线。菩萨戴宝冠，裸上身，戴项圈，臂钏，瓔珞，下着裙，披巾搭臂绕肘外扬。

□吉德塔上的七佛造像题名，是许多北凉石塔中唯一的一件，它出自失译者名的《七佛八菩萨所说大陀罗尼神咒经》，属于杂密经典，反映出北凉时期敦煌地区杂密信仰的盛行。

三、 敦煌汉简

我国在“刀契之后，未有纸前”，所用书写材料，较金石普遍者，有竹简、木牍、缣帛3种。所谓敦煌汉简，泛指自本世纪初以来，在河西疏勒河流域汉塞遗址中陆续出土的竹木简牍，因最先发现于敦煌而得名。大多是从汉武帝时起，在敦煌郡及其以东地区修筑边塞、屯田、置亭燧所遗留下来的各类屯戍文书，在学术上具有重要意义，与殷墟甲骨文、敦煌藏经洞出土文献、明清大内档案被誉为近代中国文献的四大发现。

敦煌汉简自首次出土迄今近90年。其间不断有新的发现，截至目前共发现8批，其中已刊布发表的2400余枚，新发现的15000余枚仅见于报道，尚无发掘报告问世。这8批汉简，其中包括：

1. 20世纪初，英国考古学家斯坦因第二次中亚考察途中，于1907年在敦煌西北的汉塞烽燧遗址中掘得的简牍705枚。报告见斯坦因《塞林提亚：中亚与中国西域考古记》和《中国沙漠考古记》，简影和释文最早见于沙畹《斯坦因在东土耳其斯坦考察所得汉文文书》及王国维《流沙坠简》。原简现藏伦敦不列颠博物馆。

2. 1913年至1915年，斯坦因第三次中亚考察时，在敦煌汉塞烽燧遗址中又掘得84枚。在安西、酒泉两县境内采得105枚，其出土地点大部分属于汉代酒泉郡西部都尉和北部都尉，小部分属于东部都尉。这些简牍，习惯上仍称作敦煌汉简。其报告见斯坦因《亚洲腹地：中亚、甘肃和伊朗东部考古记》，简影见于马伯乐《斯坦因第三次中亚考察所获汉文文书》及张凤《汉晋西陲木简汇编》。原简现藏伦敦不列颠博物馆。

3. 1920年在敦煌西北小方盘城附近发现汉简17枚，出土具体地点及方位不明。简影见《敦煌汉简》，原简现藏敦煌研究院。

4. 1944年，西北科学考察团历史考古组赴河西地区进行考古调查时，夏鼐、阎文儒在敦煌西北小方盘城遗址附近掘得49枚。简影和释文见夏鼐《考古论文集》和《敦煌汉简》，原简现藏台湾台北图书馆。

5. 1976年甘肃省文物工作队和敦煌文化馆，在敦煌境内调查汉塞烽燧遗址过程中，在小方盘城以西11公里的马圈湾，发现一座斯坦因调查时遗漏的汉代烽燧遗址，新编号为D21。掘得汉简1217枚和一批汉代文物。简影和释文见《敦煌汉简》，原简现藏甘肃省文物考古所。

6. 1981年敦煌博物馆在酥油土汉代烽燧遗址中采得汉简76枚。简影和释文见《敦煌汉简》。原简现藏敦煌博物馆（图102）。

图102 汉长城古烽燧下出土的汉简

7. 1986年至1988年间，敦煌博物馆在文物普查过程中，又陆续采得汉简137枚。这批汉简是属于汉代敦煌郡玉门都尉、中部都尉和宜禾都尉的文书档案。简影和释文见《敦煌汉简》，原简现藏敦煌博物馆。

8. 据报道，近年来甘肃省考古研究所在敦煌以东64公里处的汉代悬泉置遗址，发掘出大批汉代文物和简牍，数量多达15000余枚。

敦煌出土的汉简，就其形制而言，有简（札）、两行、牍、封检、符、觚和有文字的封泥、削衣等。其中竹简较少，绝大部分是木简，以胡杨木、红柳所制者为多，似属就地取材，只有一枚是芦苇简。

敦煌汉简所包含的内容甚为广泛，其中与屯戍活动直接相关者数量最多。敦煌汉简的发现，使河西疏勒河流域的汉代边塞风貌，复还旧观，使汉王朝当年在西北边郡艰苦经营之情形，重现于天日。从而为研究汉代敦煌郡的屯戍活动乃至两汉时期政治、经济、军事和社会历史，提供了一批珍贵的资料，具有重要的意义。

四、 遗址出土物

敦煌的遗址出土物，主要是指敦煌地区汉塞烽燧遗址中出土的除汉简以外的其他汉代以来的文物。这些文物与汉简一样，反映了自西汉以来西北边疆屯戍活动和戍卒生活情况，具有与汉简同等重要的价值。

敦煌地区汉塞烽燧遗址的调查和发掘，始20世纪初英国考古学家斯坦因，他在1907年经二次中亚考察时，在敦煌西北的汉塞烽燧中除发现汉简外，同时获得部分汉代其他文物。这些汉代出土物有铜带扣、铜簇、铜镜、铁镰、铁凿、铁马嚼、封泥匣、封泥“董褒印信”、木梳、木碗、木量具、木转射、木印章、毛笔、猎具、辟邪人面画杙、绘有人面的画板、漆器残片、漆耳杯、五铢钱、丝、帛、棉、毛等织物残片，以及汉文帛书3件、纸文书1件，佉卢文帛书1件和婆罗迷文帛书1件，最令瞩目的是在T.12a烽燧遗址中发现了8封粟特文纸文书。

1979年，甘肃文物工作队和敦煌博物馆，在小方盘城以西11公里的马圈湾，发现了一座斯坦因当年考察时遗漏的烽燧遗址，并进行了科学发掘，除发掘出汉简1217枚外，同时还出土了大量汉代文物。据考古发掘报告，共有343件文物，分类叙述如下：

纺织品：共140件，其中丝织品114件，品种有锦、罗、纱、绢，锦、罗较少，绢居多数；毛织品13件，品种有罽、褐、绋毛带、毡垫、毡靴罩等；麻织品13件，品种有麻布、铠甲衬里、履、麻鞋、麻布袜等。

木器：共50件，有锛、泥抹、撑泥板、木绳扣、梠头、木器构件、户牡、木拉手、方木器、器皿盖、菱形木器、长方形木器、矢形器木榫头、木塞、木钻杆、木桩、木锥、筹码、木饰件、出火具、线轴、尖状器、转射、木匙、木梳、木篦、袜板、楦头、楦跟等。

竹器：共11件，有梭、尺、箸、笄、篮底、柄套、箍圈等。

草器：共13件，有苇奁、席、草垫、扫帚、刷墙帚、苣等。

铁器：共53件，有剑、镰、斧刃、凿、刀、削、锄、车釭、马衔、镳、铁钉、残铁构件、挂钩、残铁器等。

铜器：共10件，有带扣、顶针、盖弓帽、铜环、铜釜残片、铜簇等。

粮食：品种有糜子、谷子、青稞、大麦、小麦、豌豆等。

其他的出土物共有79件：如狩猎工具有黄羊夹、投石等3件；体育用具有蹴鞠1件；文化用品有毛笔、石砚等3件；麻纸5件；木板画1件；印章1件；封泥柙22件；辟邪人面画杙9件；装饰品有骨饰牌、料珠、串珠等4件；五铢钱6枚；陶纺轮1件；漆器残片有耳杯、漆奁盒、漆篚足等20件；牛角器有牛角箍、觽、角杯等3件；帛书1件。

马圈湾烽燧遗址出土的汉代文物，虽然数量有限，但品种较多，有铁、木、草制生产工具、生活用具和文化、体育器具，具体而全面地再现了汉代守塞戍卒的生产活动和生活情景。大量铁制工具的发现，为研究汉代冶铁技术，提供了重要的实物资料。铸铁车釭的出土，为研究汉代交通史，具有十分重要的价值。陶纺轮，反映了汉代家庭手工纺织的情景。而蹴鞠、投石、玩具衣的出现，为我们了解汉代边塞随军家属的生活，提供了形象生动的例证。出火具是研究“钻木取火”的重要实物资料。大量保存完好的粮食，为研究汉代边防吏卒的口粮品种，有着重要的价值。

转射是镶嵌于坞堡女墙上的防御器具，是研究汉代城防设施的重要实物资料。苣是汉代边防烽火器具，大量苣的出土，对澄清历史上长期以来关于汉代烽火制度相互矛盾的解释，具有一定的意义。帛书的出土，是汉代帛书的又一次重要发现，为研究汉代市贸制度，增添了一件重要的资料。大量的丝、毛、麻织物的出土，为探索汉代纺织史提供了大量实物资料，其中的毛织物产于西域，是中西文化交流的重要实物见证。值得指出的是有明确的层位和准确纪年简牍共存的麻纸的出土，证明早在西汉中期已出现纸，至西汉末，造纸技术已臻成熟，突破了传统的东汉蔡伦造纸说，从而将我国纸的出现，提前了170余年。

近年来，甘肃省考古所在敦煌汉代悬泉置遗址发掘出土的遗物多达17650件，其中简牍15000余枚、麻质纸20余件，其他有货币、兵器、农具、工具、猎具、陶器、丝绸、服饰、粮食、皮毛、兽骨、毛笔、石砚、画版、竹席、皮鞋以及大量毛色鲜艳、保存完整的马头、马腿等遗物。

特别是有明确层位和准确纪年简牍共存关系的西汉宣帝至哀帝（前73年—前1年）书写墨迹的麻质纸的出土，从一个侧面反映出甘肃敦煌是最早发明和使用纸的地区之一。

敦煌烽燧、驿站遗址中出土的汉代遗物，对研究古代西北地区的政治、经济、军事、法律、中外交流、民族关系、邮驿制度、水利建设、农业种植、畜牧养殖、粮食储运和管理，奠定了丰厚的基础。

五、墓葬出土物

敦煌地区的墓葬分布范围极广，数量众多，大部分是汉唐时期的墓葬。敦煌的墓葬发掘工作始于1944年，西北科学考察团在敦煌佛爷庙和老爷庙共发掘魏晋时期的墓葬12座，唐代墓葬17座，出土文物现存台湾中央历史语言研究所。夏鼐写《敦煌考古漫记》、阎文儒写《河西考古杂记》，记述了这次考古发掘经过和出土文物情况。1960年和1970年，甘肃省博物馆和敦煌文物研究所分别在敦煌新店台附近和义园湾附近，发掘了晋墓7座，发表了《敦煌晋墓》。1980年敦煌博物馆在佛爷庙湾头层台子，发掘了五凉时期墓葬3座，发表《敦煌佛爷庙湾五凉时期墓葬发掘简报》。1982年敦煌博物馆在新店台发掘西晋、十六国时期的墓葬46座和祁家湾墓地的1座，发表《记敦煌发现的西晋、十六国墓葬》。

敦煌地区魏晋、十六国时期的墓葬中的随葬物，综合考古报告主要的出土物有：

陶器：有罐、碗、盘、碟、瓶、灶、釜、井、案、盏、奁、杯、盖、盂、盆、筒形器、壶、耳杯、钵、豆、甑、仓、果盒、灯座、两足器。以及数十件朱书、墨书镇墓文的陶罐、陶钵，镇墓文的纪年有玄始、麟加、咸安、永安、升平、永嘉、建兴、建元等五凉时期的年号。

泥器：有罐、碗、杯、碟、钵、甑、盘、灯台等器和泥钱。

铜器：有镜、壶、耳杯、勺、灯、弩机、削、顶针、环、钗、圈扣、铃形器、筒形器等。

铁器：有削、钉、灯、铁器残片等。

货币：有半两、五铢、大帛五十、货泉、布泉、太平百钱、鹅眼钱等。

此外还有铅镜、石板砚、小晶珠、木梳、云母片、金器等遗物。

唐墓出土的随葬物品有许多陶俑和木俑，一般墓中有站立门口的武士像一对，室内有怪兽像（或认为是魌头）一对，马俑及驼俑一二件，马伕和驼伕数件，小男俑和小女俑多件。小女俑都是仅有头部和上身，大概当时另有绸布制的衣裳罩在外面，这些女俑的发髻，作各种不同的样式。此外，有的墓中另有文官俑和女官俑各一，骑士俑多件。唐墓中的陶罐较少，都是平素无纹饰的，出土的钱是开元钱，其墓室内多有铺地花砖（图103）。

敦煌石窟艺术和敦煌藏经洞出土文物以及敦煌的人文遗址、遗迹、遗物等，都是社会财富，它们既是中国人民的财富，也是全世界整个人类的财富。我们了解这些财富的目的，不仅仅是为了保护它们，更是为了认识它们，利用它们，使我们为人类创造出更多的精神财富和物质财富。

图 103 佛爷庙附近唐墓出土 牵驼砖

注：本书中的图片除部分外景为作者拍摄外，主要引自敦煌文物研究所编《中国石窟·敦煌莫高窟》(全五卷)，文物出版社，1982 年—1987 年；敦煌研究院编《敦煌》，甘肃人民出版社，江苏美术出版社，1990 年；敦煌石窟艺术开发公司编《敦煌古迹名胜》，甘肃人民美术出版社，1994；敦煌研究院编《敦煌：纪念敦煌藏经洞发现一百周年》，朝华出版社，2000 年。

参考书目

敦煌研究院主办:《敦煌研究》,总1—106期。

兰州大学敦煌学研究所主办:《敦煌学辑刊》,总1—58期。

台北中国文化大学敦煌学会主办:《敦煌学》,总1—17期。

中华书局:《文史知识》,1988年第8期“敦煌学专号”。

中国敦煌吐鲁番学会秘书处编:《中国敦煌吐鲁番学会研究通讯》,总1—21期。

敦煌文物研究所编:《敦煌研究文集》,甘肃人民出版社,1982年版。

甘肃省社会科学院文学研究所编:《敦煌学论著》,甘肃人民出版社,1985年版。

敦煌研究院编:《1983年全国敦煌学术讨论会文集》(文史·遗书编),甘肃人民出版社,1987年版。

敦煌研究院编:《1983年全国敦煌学术讨论会文集》(石窟·艺术编),甘肃人民出版社,1985年版。

敦煌研究院编:《1987年敦煌石窟研究国际讨论会文集》(石窟艺术)(石窟考古),辽宁美术出版社,1990年版。

政协甘肃省敦煌市委员会编:《敦煌文史资料》第一辑,1991年印刷。

甘肃省敦煌市对外文化交流协会编:《敦煌简史》,1990年印刷。

段文杰:《敦煌石窟艺术论集》,甘肃人民出版社,1988年版。

姜亮夫:《莫高窟年表》,上海古籍出版社,1985年版。

颜廷亮主编:《敦煌文学》,甘肃人民出版社,1989年版。

刘进宝:《敦煌学述论》,甘肃教育出版社,1991年版。

何山:《西域文化与敦煌艺术》,湖南美术出版社,1990年版。

胡戟:《敦煌述略》,《西北历史资料》,1984年增刊。

赵以武:《五凉文化述论》,甘肃人民出版社,1989年出版。

张锡厚:《敦煌文学》,上海古籍出版社,1980年版。

林海村、李均明:《疏勒河流域出土汉简》,文物出版社,1984年版。

马继兴主编:《敦煌古医籍考释》,江西科学技术出版社,1988年版。

赵健雄、徐鸿达、张士卿:《敦煌医粹》,贵州人民出版社,1988年版。

胡同庆、安忠义:《佛教艺术》,敦煌文艺出版社,2004年版。